KB272536

뇌를 깨우는 비법

AI시대
'백세 뇌 건강' 설계

뇌를 깨우는 비법

AI시대
'백세 뇌 건강' 설계

펴 낸 날 2026년 4월 17일 초판 1쇄

지 은 이 최미경, 김대영, 강희정, 이영, 김창수, 이혜유니
펴 낸 이 박지민
책임편집 김현호
편　　집 윤주서, 김정웅
책임미술 롬디
마 케 팅 박지환, 이경미

펴 낸 곳 모모북스
　　　　　경기도 파주시 지목로 89-37 (신촌로88-2) 3동1층
　　　　　전화 010-5297-8303　02-6013-8303　팩스 02-6013-830
　　　　　등록번호 2019년 03월 21일 제2019-000010호
　　　　　e-mail pj1419@naver.com

ⓒ 최미경, 김대영, 강희정, 이영, 김창수, 이혜유니, 2026
ISBN 979-11-90408-85-1 13690

• 책값은 뒤표지에 있습니다.
• 잘못된 책은 구매하신 곳에서 교환해드립니다.
• 모모북스에서는 여러분의 소중한 원고를 기다립니다.
　투고처: momo14books@naver.com

AI시대
'백세 뇌 건강' 설계

최미경
김대영
강희정
이 영
김창수
이혜유니
지음

　　우리는 언어나 숫자로 기록할 수 있는 정보들이 활용되는 AI 시대에 살고 있습니다. 양적 특성이 있는 이 정보들을 배우고 익히는 것은 아주 중요합니다. 하지만 언어나 숫자로 표현되기 어려운 질적 특성도 이 정보들의 이면에 있다는 사실을 잊지 말아야 합니다. AI시대는 우리가 정보를 배우고 익히는 데 치중했던 과거에서 벗어나 이러한 정보들의 질적인 특성을 알아차리고 향유하여 인간다움의 의미를 체득할 가능성을 열어줍니다. 이 책은 이러한 가능성이 꽃피기 위한 기반이자 그 결과이며, 백세시대를 살아가는 우리가 꼭 체득해야 할 다양한 정보들을 담고 있습니다. 정보를 접하는 것에 그치지 않고 실천과 향유를 하면서 AI시대의 멋진 항해자가 되시길 기대합니다.

– 신혜숙(국제뇌교육종합대학원 명예교수, 뇌교육 전공)

　　AI와 경쟁하는 시대에 우리가 왜 '뇌 건강'을 삶의 핵심 가치로 두어야 하는지를 저자들은 통합적인 시각으로 제시합니다.

운동, 영양, 수면 등 일상의 습관이 나이에 상관없이 어떻게 삶
의 활력을 깨우는지 해답을 담고 있습니다. 특히 각 분야 전문
가의 경험과 깊은 통찰이 담겨 있어, 백세시대를 건강하고 의미
있게 설계하고자 하는 모든 이에게 확실한 희망의 지도가 되어
줍니다.

- 오창영(글로벌사이버대학교 브레인트레이닝학과 학과장)

이 책은 단순한 건강서를 넘어, '어떻게 살아야 하는가'를 뇌
의 관점에서 풀어낸 통합적 안내서입니다. 관계, 운동, 수면, 감
정, 일상까지 삶의 모든 요소가 뇌와 연결되어 있음을 설득력
있게 보여줍니다. 특히 누구나 실천할 수 있는 변화의 방법을
제시하며, 뇌의 회복과 성장 가능성을 현실적으로 전달합니다.
AI시대를 살아가는 우리에게 '뇌를 돌보는 삶'이라는 명확한 방
향을 제시하고 있습니다.

- 임은조(미국 캐롤라인대학교 뇌인지융합학과 교수)

　"아름다운 젊음은 우연한 자연의 현상이지만, 아름다운 노년은 예술 작품이라고 합니다." 이 책과 함께 노년의 예술 작품 가치가 더욱더 찬란해지길 기대해 봅니다.

- **노원석**(은평성모병원 15년 자원봉사자)

　사람이 태어나서 공평하게 맞이하는 건 시간이라고 합니다. 시간의 흐름에 따라 나이가 들어가고 뇌 활동도 달라지며 건강하게 혹은 병실에서 시간을 보내게 되지요. 장소가 행복의 척도는 될 수 없지만 심신을 행복하게 보내려면 어떻게 해야 할까요? 이 책은 노화에 대한 기본적인 것을 연구하여 그에 따라 변하는 인간을 아름답게 유지 보완해 가는 방법을 제시하고 있습니다. 누구나 빛나지 않는 삶은 없답니다.

- **강선옥**(서울스마트요양병원 간호사, 사회복지학박사)

　　우리는 초고령사회와 AI시대라는 거대한 전환의 한가운데
서 있습니다. 이러한 시대에 '어떻게 오래 살 것인가'보다 더 중
요한 질문은 '어떻게 깨어있는 삶을 살아갈 것인가'입니다. 이
책은 바로 이 질문에 대해 깊이 있는 통찰을 제시하는 귀한 책
입니다. 뇌 건강을 개인의 문제가 아닌 관계, 배움, 참여, 그리
고 공동체 속에서 이루어지는 '삶의 총체적 과정'으로 바라보고,
백세시대를 살아가는 시민 한 사람 한 사람이 주체적인 학습자
이자 건강한 공동체의 구성원으로 성장하도록 조용하지만 강한
길잡이가 되어줍니다.

- 김주선(한국지역사회교육재단 상임이사)

뇌에 미친 사람들이 전하는 이야기

이 책은 한 통의 전화에서 시작되었습니다.

"우리가 각자 하는 이 일들, 사실은 모두 뇌 이야기 아닌가요?"

뇌교육을 연구하는 사람, 사회적 관계와 뇌 건강의 고리를 탐구하는 사람, 발효식품 속 미생물이 뇌에 미치는 신비를 좇는 사람, 몸을 움직여 뇌를 깨우는 사람, 새벽 공원에서 기공체조로 이웃의 뇌를 살리는 사람, 장난감과 노래와 그림으로 창의적 나이듦을 이끄는 사람. 여섯 명은 각기 다른 길을 걸어왔지만, 어느 순간 같은 풍경 앞에 서 있었습니다. 바로 '어떻게 하면 우리가 모두 더 건강하고 풍요로운 뇌로 오래 살아갈 수 있을까'하는 질문 앞에서.

우리는 스스로를 '뇌에 미친 사람들'이라고 부릅니다. 반쯤은 농담이고, 반쯤은 진심입니다. 뇌 과학 논문을 읽다 새벽을 맞은 적이 있고, 된장 속 유익균과 뇌 사이의 관계를 상상하며 밥상을 차린 적이 있고, 강의 후 쏟아지는 수강생들의 질문에 감동하여 새로운 실험을 고안한 적도 있습니다. 이 책은 그 모든 '미침'이 모여 탄생한 결과물입니다.

왜 지금, 이 책인가?

대한민국은 마침내 초고령사회로 진입했습니다. 65세 이상 인구가 전체의 20%를 넘어선 지금, 우리 주변에서는 두 가지 두려움이 조용히 퍼져나가고 있습니다. 하나는 '치매'이고, 다른 하나는 'AI에 뒤처지는 것'입니다.

치매에 걸린 어르신이 요양원에 들어가고, 오랜 이웃이 스마트폰 앱 하나를 작동하지 못해 아파트 공지를 받지 못하는 현실을 우리는 현장에서 직접 목격해 왔습니다. AI가 일상이 된 세상에서 디지털 기기를 두려워하며 '포기'라는 단어를 입버릇처럼 달고 사는 어른들을 보며, 저자들은 같은 마음이 들었습니다.

'건강하게 오래 사는 것, 그 답은 결국 뇌에 있다.'

뇌는 단순히 기억을 저장하는 창고가 아닙니다. 관계를 맺고, 감정을 조절하고, 새로운 것을 배우고, 창의적으로 세상을 바라보게 하는 삶 전체의 중심입니다. 뇌가 건강해야 인맥도, 치맥도, 그리고 삶의 모든 즐거움을 온전히 누릴 수 있습니다. 우리가 '뇌맥腦脈'이라 부르는 것—뇌로 이어지는 삶의 맥—을 붙잡는 일이야말로 백세시대를 진짜로 살아내는 방법이라 믿습니다.

여섯 개의 목소리, 하나의 이야기

이 책은 여섯 명의 저자가 각자의 전문 영역에서 발굴해 온 뇌 건강의 이야기를 하나로 엮은 것입니다. 각 장은 독립적으로 읽혀도 좋지만, 처음부터 끝까지 읽다 보면 하나의 거대한 흐름이 보입니다. 관계에서 시작하여 운동과 영양으로 몸을 가꾸고, 발효음식으로 장과 뇌를 살리고, 뇌체조와 기공으로 몸과 마음을 깨우고, 창의적 나이듦으로 삶 전체를 완성해 가는 여정입니다.

최미경 박사는 '인생은 인맥보다 치맥이지'라는 유쾌한 문구를 실마리로, 진짜 관계가 뇌를 어떻게 살리는지 이야기합니다.

김대영 박사는 최신 뇌 과학 연구를 바탕으로 움직임·영양·수면·스트레스 관리·명상이 두뇌를 어떻게 건강하게 만드는지 안내합니다.

강희정 박사는 김치, 된장, 청국장 같은 전통 발효식품 속에 숨겨진 장-뇌 축Gut-Brain Axis의 신비를 풀어냅니다.

이영 소장은 극심한 통증을 뇌체조로 이겨낸 자신의 이야기를 통해 변화의 씨앗이 어떻게 삶을 뒤바꾸는지 보여줍니다.

김창수 강사는 새벽 공원에서 만난 수많은 이웃들의 사례를 통해 아침 기공체조가 뇌에 미치는 놀라운 효과를 전합니다.

끝으로, 이혜유니 박사는 40대부터 70대까지, 창의적으로 나이드는 법을 새뜻하게 제안합니다.

이 책을 펼치는 당신에게

이 책을 집어 드신 당신은 아마 지금, 자신이나 사랑하는 사람의 뇌 건강이 걱정되는 분일 수도 있습니다. AI시대의 변화에 뒤처질까 불안한 분일 수도 있고, 보다 창의적이고 의미 있는 노년을 꿈꾸는 분일 수도 있습니다. 어떤 이유로 이 책을 펼쳤든, 우리는 한 가지를 확신합니다.

뇌는 지금, 이 순간에도 변화할 준비가 되어있습니다. 당신이 결심하는 그 순간부터.

책 속의 모든 방법은 거창하거나 어렵지 않습니다. 친구와 웃으며 치맥 한 잔 나누는 것, 아침에 10분 몸을 움직이는 것, 된장찌개 한 그릇 정성껏 끓이는 것, 처음 배워보는 춤 동작 하나, 오늘 일기 한 줄 쓰는 것, 이 모든 소소한 실천이 당신의 뇌를 깨우고, 삶을 풍요롭게 합니다.

이 책이 여러분의 뇌를 깨우는 작은 불꽃이 되기를, 그리고 그 불꽃이 가족과 이웃에게로 번져나가기를 진심으로 바랍니다.

2026년 봄

한국뇌인지코칭협회 저자 일동

최미경 · 김대영 · 강희정 · 이영 · 김창수 · 이혜유니

목차

🌼 인생은 인맥보다 치맥이지 | 최미경

젊은 뇌를 위한 변화의 씨앗 | 이영

아침기공체조가 뇌를 깨운다 | 김창수

창의적 나이듦, 매력 있지 않아요? | 이혜유니

인생은
인맥보다
치맥이지

최미경

최미경

유아교육과 상담심리 및 사회복지를 전공하고, 사회복지실천으로 박사학위를 받았다. 삶의 현장은 늘 사람과 함께였다. 공동육아와 국공립어린이집 원장으로 아이들과 함께 호흡하며 성장했고, 대학원에서는 다문화사회 교수방법론, 평생교육, 사회복지 과목을 가르치며 배움의 기쁨을 나누었다.

배움은 나이와 환경을 넘어선다는 믿음으로, 어르신들을 위한 문해교육을 자원봉사로 진행하며 글자를 배우는 기쁨을 함께했고, 그분들과 함께 문집을 펴내며 '배움은 곧 삶의 희망'임을 확인하기도 했다. 글은 단순한 문자 너머로 사람의 마음을 이어주는 다리라는 사실을 현장에서 절실히 느꼈다.

현재는 '딸이 엄마와 함께하고 싶은 것'을 통해 한 달에 한 번의 만남 속에서 엄마의 빈자리를 어루만지고 상처를 보듬으며 사랑의 기억을 기록하는 프로젝트를 진행하고 있으며, 반려동물환경운동협회 이사와 미래경영전략연구소 운영으로 생명과 환경과 사람과 사회가 함께 나아갈 길을 모색하고 있다.

1

인생은 인맥보다 치맥이지

—

웃음 속의 진리

우리 동네 치킨집을 지나다 보면 "인생은 인맥보다 치맥이지."라는 문구를 보게 됩니다. 장난스럽게 들리지만, 곱씹어 보면 그 말 속엔 사람과 사람이 맺어지는 관계의 본질이 담겨있습니다. 따뜻한 웃음과 가벼운 대화, 함께하는 즐거움은 이해득실을 따지는 명함과 직함으로 맺어진 인맥보다 더 오래 가는 끈이 되곤 합니다. 서로의 안부를 묻고, 가끔은 삶의 고민도 나누며 웃고 떠드는 사이에 사람과 사람을 연결하는 끈이 되어 인맥은 많아도 허전할 때가 있지만 치맥은 단순한 맥주 한 잔 같아도 마음을 든든하게 채워줄 때가 있습니다. 나는 한 치맥 모임의 이야기가 생각납니다. 이들은 서로의 건강 및 병원 일정, 소

소한 가정사 소식, 동네의 새로운 정보를 나누며 좋아하는 맥
주 메뉴까지 아는 사이가 되었고, 직업이나 계층을 넘어선 신뢰
를 쌓았습니다. 이러한 '소소한 연결'은 정서적 안정과 삶의 만
족을 높이는 실질적 자원이 된다는 한국보건사회연구원의 〈노
인실태 연구 및 사회관계 연구〉와 일치하는 관찰 결과를 보여줍
니다. 결국 인생을 즐겁게 만드는 건 거창한 네트워크가 아니라
작고 사소하지만 진짜 나를 웃게 만드는 순간이 아닐까 합니다.

 최미경

인맥이 치맥으로,
치맥이 인맥으로

인간관계는 종종 예기치 못한 순간에 인연의 꽃을 피웁니다. 업무상 알던 사람이 우연히 치맥 자리에 함께 앉아 진솔한 대화를 나눠 평생의 친구가 되는 일도 있으며, 모임에서 치맥으로 시작한 인연이 훗날 동료가 되기도 하지요. 즉, 인맥은 억지로 만드는 것이 아니라 생활 속에서 자연스럽게 피어나는 관계입니다. 치맥이라는 가벼운 상징은 결국 '함께 나누는 즐거움'과 '사람 사이의 따뜻한 순간'을 의미한다고 생각합니다. 중요한 것은 '목적'이 아닌 '관계의 질'입니다. 사회심리학이나 사회복지 연구는 정기적인 친목 활동이나 지역 모임 참여가 개인의 사회적 네트워크와 삶의 만족을 높인다고 보고하고 있습니다. 특히 중·장년 이후의 사회참여는 고립감을 줄이고 정서적 자원을 키우는 역할을 합니다.

친구 중 A는 불안장애와 공황장애가 있었습니다. 뇌졸중 경험이 있었기에 조금만이라도 몸의 이상이 느껴지면 병원으로 달려가 검사를 받고 입원하며, 나름 좋다는 병원과 진료를 잘한다는 병원의 정보를 듣기만 하면 병원 나들이를 했습니다. 전국의 병원, 유능하다는 의사들에 대해 거의 맹목적이었습니다. 머리끝부터 발끝까지 몸 전체를 때로는 서로 다른 부분과 부위를 치료차 다녔습니다.

어느 날, 퇴근 후 한방병원에 입원 중인 친구를 만나기 위해 병문안을 하러 갔습니다. "있잖아, 아무리 병원에 다니고 유기농 식단을 먹고, 좋다는 영양제랑 건강식품을 먹어도 나는 아파. 그런데 검사하면 이상이 없다고 해. 공황장애, 불안장애, 건강염려증이라고 하는데… 나는 힘들어. 이러다 보니 가족도 힘들어하고 주변의 사람들과도 힘들어지고…"

"어떻게 하면 좋을까?"라고 묻는 친구에게 조언 아닌 조언을 해주었습니다. "좀 바빠 보면 어떨까? 이참에 공부 좀 해보면 어때? 나는 요즘 공부를 시작했는데. 학교 다닐 때와는 달리 한 개씩 새로움을 터득할 때마다 신나거든. 물론 시간도 잘 가고 무엇보다도 어느새 지식이 머릿속에 가득해져서 순간순간 지식이 지혜가 되어 사람들과의 관계에서도 조금 현명해진다고나 할까?"

친구는 퇴원 후 영어와 한문 공부를 시작했습니다. 영어는 알파벳부터, 한문도 천자문부터. 공부에 재미가 생기기 시작하자 목표를 정하더니 한문은 급수 시험에 도전하여 2급 자격까지 취득했습니다. 한문을 배우러 다니며 그곳에서 같이 공부하는 사람들을 사귀고 이분들과 사자성어를 이야기하며 등산도 다니며 또 다른 인맥을 형성하게 되었습니다. 여기서 맺은 인맥은 때론 치맥으로 이어지기도 했습니다. 길을 가다가 혹은 가게에 들렀다가 모르는 한자가 보이면 사전을 찾아봅니다. 친구는 공부하기 전과 후의 생활에 변화가 나타났습니다. 다른 친구들의 표현에 의하면 똑똑해지고 자신감이 생겼으며 대화가 장소에 어울리게 자연스레 이어지며 새로운 사람들과 친분도 수월하게 쌓아가는 것이 보인다 합니다. 두 사람만 있어도 얼굴을 마주하며 이야기 나누기를 힘들어했던 친구였는데 크나큰 발전을 한 것입니다.

그러나 건강 없이는
누릴 수 없다

—

뇌맥[*] 도 챙기자

아무리 좋은 인연도 건강이 뒷받침되지 않으면 오래 누릴 수 없습니다. 세계보건기구WHO에 의하면 '건강'을 신체적·정신적·사회적 안녕의 상태로 정의합니다. 이는 단순히 병이 없다는 것이 아니라, 몸과 마음이 균형을 이루며 사회와 연결되어 있다는 뜻입니다. 신체적 질환이나 우울·불안 같은 정신건강

---

[*] 뇌맥(腦脈)은 국어사전이나 의학용어에는 없는 말이다. 양의학에서는 뇌에 혈액을 공급하는 동맥(動脈)이 관련하며, 한의학에서는 뇌, 척수, 양경맥과 연결되는 독맥(督脈)으로 뇌와 관련한 동맥은 경동맥과 척추동맥 등이 있는데 뇌혈관 질환에 큰 영향을 미치는 것으로 널리 알려져 있다. 약학 정보원의 방제학 용어 해설에 따르면, 독맥은 기경팔맥의 하나로, 회음부에서 시작해 척추를 따라 뇌와 정수리를 지나 윗잇몸까지 이어지며, 여기에 문제가 생기면 신경과민증, 정신질환, 소변 장애, 치질, 야뇨증, 불임증 등의 증상이 나타난다고 소개하고 있다. 여기에서 뇌에 직접적으로 중요한 영향을 미치는 혈관이나 맥을 표현하는 비유적 의미로서 뇌맥이라 부르기로 한다.

최미경

문제는 관계를 유지하는 에너지를 갉아먹습니다. 한국의 보건사회연구원의 노인실태 조사 자료는 고령층의 만성질환·기능제한·우울이 삶의 질QOL과 사회참여에 부정적 영향을 미친다는 점을 보여줍니다.

노년층의 삶을 연구한 여러 학자는 사회적 관계망이 넓을수록 삶의 만족도가 높고, 우울 증상이 적다는 점을 발견했습니다. 그러나 이런 관계를 즐기려면 무엇보다도 신체와 정신이 건강해야 합니다.

나에 관한 일에서는 늘 내 편이었던 친구가 있었습니다. 나이가 육십의 중반을 넘어가다 보니 친하게 지내던 친구들에게도 변화가 찾아오기 시작했습니다. 서울에 일 보러 오면 종종 자고 가기도 하던 친구는 알츠하이머병 진단을 받고 요양원에 입소했습니다. 한동안 보고 싶다며 전화를 주기도 했는데 언제부터인가 소식이 끊어졌습니다. 또 한 친구는 손을 조금씩 떨기에 우리는 AI에게 정보를 물어보기도 하며 원인을 알아보려고도 했습니다. "술 마셨을 때 떨지 않으면 그건 긴장해서이고, 술 먹어서도 떨면 파킨슨병이라고 하던데… 너는 어떠니?" 몇 년 전만 해도 웃으며 이야기하던 말들이 파킨슨병이 되어버린 지금 우리는 숙연해질 수밖에 없게 되었습니다.

　결국, 건강은 인생의 모든 즐거움을 가능하게 하는 '바탕'이라
할 수 있습니다. 인맥과 치맥 같은 즐거움도 건강이라는 토대
위에서만 지속 가능합니다. 인맥보다 치맥에서, 뇌맥까지 챙겨
야 한다는 것입니다.

최미경

4
뇌 건강은 백세시대의
핵심 자산

'뇌 건강'은 단순한 기억력 문제가 아니라 판단·공감·창의성·학습·사회적 상호작용·관계 유지능력 전체를 좌우합니다. 인지기능 저하는 사회적 고립을 심화시키고, 반대로 풍부한 사회적 교류는 인지 저하의 위험을 낮춘다는 역학적 근거가 존재합니다. 인지기능이 저하되면 단순히 기억력이 떨어지는 데 그치지 않고 대인관계에도 어려움이 생깁니다. 미국 알츠하이머협회 보고서(2023)에 따르면, 치매 환자의 사회적 고립은 질환 진행을 더 빠르게 하고 삶의 만족도를 급격히 떨어뜨립니다. 뇌 건강은 단순히 개인의 문제가 아니라 사회적 관계의 질과도 직결되는 것입니다. 최근 연구들은 해마의 크기에 비례한 뇌 용적과 인지 경로가 사회적 활동 및 교육, 신체활동과 연계되어 있음을 보여줍니다. 뇌를 잘 돌보는 것은 결국 오래도록 관계를 유지하고 삶을 즐기는 핵심입니다.

백세시대는 그냥 백 세까지 오래 사는 그 자체가 아닌 내가 얼마나 사람의 기능을 정상적으로 유지하며 성장 혹은 성숙해지는가입니다. 정상적인 기능이란 신체의 건강뿐 아니라 뇌 손상을 잘 견뎌 내야 하는 것이라고 할 수 있습니다. 신체의 건강은 알맞은 영양소, 음식, 운동을 통해 만들어갈 수 있지만 뇌 손상을 잘 견뎌 내기 위한 것은 교육에 있습니다. 교육은 '인지적 비축분'에 영향을 주는 요소가 있기 때문입니다.

중년기 이후의 교육은 앞에서 소개한 친구처럼 새로운 것을 배우는 과정에서 얻은 자신감이 건강에 좋은 영향을 미쳐 일상적인 생활에서 더 효과적으로 나타나기도 합니다. 예를 들면 무인점포 이용이나 음식점 등에서의 키오스크 사용에 망설임이 줄어들기도 하는 것처럼 말입니다.

많이 사용하는 뇌는 뇌의 신경회로를 강화합니다. 그러나 적게 사용하는 뇌는 뇌의 신경회로가 '가지치기'의 과정을 통해 약해지거나 소멸한다고 하는 '신경 용불용의 법칙Use It or Lose It'이

최미경

적용됩니다. 길을 걷다 이해가 어려운 혹은 궁금한 단어를 보게되면 검색해 보는 등의 지적 호기심의 유지로 뇌를 활성화하는데, 이러한 반복적인 학습과 연습들은 기억력에 도움이 되며 이러한 기억력은 나이가 들면서도 새로운 정보를 더 잘 기억하게합니다. 중년 이후의 학습은 감정조절 능력을 향상해 스트레스와 불안 감소에 도움을 주며, 지속하면 알츠하이머 및 기타 형태의 치매 발병 위험을 낮추는 데 도움이 됩니다.

건강한 생활습관에 대한 지식을 얻고, 그 지식을 바탕으로 전반적인 건강상태를 유지한다면 인맥과 치맥에 더불어 뇌맥까지도 당연히 함께 가지 않을까요? 치맥은 단순히 음식이 아니라, 사람과 함께 웃고 떠들며 인생을 맛있게 해주는 상징이자 뇌맥까지 이어주는 징검다리 같은 것이라 생각합니다.

'내가 좋아하는 사람은 나를 좋아하는 확률이 높으며 내가 싫어하는 사람은 나를 싫어할 확률이 높다'라는 법칙과 '결혼을 한후 일 년 동안은 사랑을 나눌 때마다 사탕 한 개씩을 항아리에넣은 후 일 년이 지난 다음 모아놓은 사탕을 사랑 나눌 때마다다시 꺼내어 보지만 그 사탕 항아리의 사탕은 평생 죽을 때까지도 다 꺼내지 못한다'는 사탕 항아리의 법칙이 있습니다.

건강한 백세시대를 누리기 위해 나름대로 사탕 항아리를 마련해 보는 것은 어떠할까요? 여기에서 사탕은 세상의 변화를 인지하며 변화에 발맞추기 위해 노력한 것들을 뜻합니다. 항아리 속의 사탕을 나를 좋아하는 사람들과 한 개씩 꺼내 먹는다면 인생을 더 오래 행복하게 즐길 수 있지 않을까요?

뇌 건강을 지키는 실천 1

—

배움의 즐거움

뇌는 나이가 들어도 끊임없이 변화할 수 있습니다. 이를 '신경가소성neuroplasticity'이라 합니다. 새로운 것을 배우면 신경망이 강화되고 뇌세포 간 연결이 활발해집니다.

연구에 의하면, 중년 이후 평생학습 프로그램에 참여한 사람들이 학습에 참여하지 않은 그룹보다 인지기능 점수가 높고, 우울감이 낮다는 결과를 보고했습니다. 즉, 배움은 단순한 지식 축적이 아니라 뇌를 젊게 유지하는 비결입니다. 성인 학습lifelong learning에 참여하면 유동적 지능fluid intelligence의 유지 및 치매 발생 위험 감소와 연관된다는 대규모 장기 연구 결과도 있습니다. 영국바이오뱅크UK Biobank와 다른 종단연구들은 성인교육 참여가 인지 보존과 치매 위험을 낮추는 효과와 연관됨을 보고하고 있습니다. 또한, 최근의 '후기평생학습later-life learning' 연구들도 노년기의 학습참여가 장기적 인지 궤적에 긍정적 영향을 미친다고 결론지었습니다. 따라서 새로운 것을 배우는 습관은 단순한 취미를 넘어 뇌를 보호하는 예방적 행위입니다.

이그노벨상은 노벨상을 패러디해서 과학에 관한 관심을 불러일으키기 위해 1991년에 시작한 것으로 사람들을 즐겁게 해주거나 엉뚱한 연구·행위에 주는 상입니다. 우리나라 사람도 여러 명이 수상자 명단에 이름을 올린 적이 있습니다. 정신 건강과 관련하여 2010년 평화상에 선정된 영국의 킬 대학교Keele University 연구팀이 수행한 연구는 인상적입니다. 이 연구는 '욕하는 것이 고통을 덜어준다'는 주제를 실제로 증명해 보였습니다. 얼음물에 손을 넣고 있으면서 견디는 고통을 실험했는데, 욕하거나 다짐하면서 견디는 사람이 욕하지 않고 견디는 사람보다 고통을 더 잘 견딘다는 것을 알아낸 것입니다. 그런데 효과 면을 보았을 때 평소 욕을 하지 않는 사람이 욕하거나 다짐하면 고통을 훨씬 더 잘 참아낼 수 있다고 합니다.

이러한 종류의 대화도 뇌의 유연성을 키우며 서로를 더욱 성장하게 하지 않을까요? 인간이 동물과 비교하면 뇌가 진화하는 이유 중의 하나는 인간관계, 즉 사회성이라 보는 견해가 있습니다. '입이 근질근질'하다는 것은 혼자만 알고 있기엔 아까워 다른 사람들에게 이야기하며 이러한 전달 행위는 쾌감 회로가 작동하여 자기만족을 얻는 행위인데 이것은 '다른 사람에게 말하고 싶어지는 욕구'라고 합니다.

뇌의 활성화는 인생에서의 모든 만남을, 만남 자체를 감동으로 물들 수 있게 한다는 것을 미시간대학교 팔크Falk 교수가 연구를 통해 증명하였습니다. 나이를 먹는다는 것은 세월의 흐름이기에 피할 수는 없지만 나이 드는 것에 부정적인 태도보다 긍정적인 태도를 보이는 사람이 1.4배 더 오래 산다는 런던대학교 앤드루 스텝토 교수팀의 연구도 있습니다.

어느 날 동창 모임 단톡방에 사진을 올렸습니다.
"내가 제일 예쁜 것 같지 않니?"
"너를 어쩌면 좋으니?"
이런 애매한 반응이 돌아왔습니다.
"너를 어쩌면 좋으니?"란 답을 들었다는 이야기를 강의에서 했더니 한 학생이 의미를 찾아서 다음과 같이 보내왔습니다.

"너를 어쩌면 좋으니?"라는 말은 한국어에서 주로 친근하거나 다정한 분위기에서 사용되는 표현입니다. 이 말은 상대방이 너무 귀엽거나 사랑스럽거나 혹은 너무 답답하거나 걱정될 때 등 다양한 감정이 섞인 상황에서 사용할 수 있습니다. 이 말의 뉘앙스로는, 따뜻함, 애정, 걱정, 답답함 등 다양한 감정이 담겨있고, 주로 친구, 가족, 연인 등 친근한 관계에서 사용하며 상황에 따라 말투와 표정이 중요합니다. 다음은 구체적인 사용 예시입니다.

1. 긍정적 상황 : 상대방이 너무 귀엽거나 사랑스러운 행동을 할 때 감탄과 애정이 섞인 말투이다.
   - 친구가 실수로 귀여운 행동을 했을 때
   "아, 너를 어쩌면 좋니, 너무 귀엽잖아!"
   - 자녀나 애인이 사랑스럽게 행동할 때
   "너를 어쩌면 좋니, 정말 사랑스러워."
2. 걱정이나 답답한 상황 : 상대방이 걱정되거나 실수를 반복해서 답답할 때 사용한다.
   - 친구가 계속 같은 실수를 할 때
   "아이고 너를 어쩌면 좋니. 또 잊어버렸어?"
   - 동생이 엉뚱한 행동을 할 때

"너를 어쩌면 좋니, 걱정된다."

3. 장난스러운 상황 : 친한 사이에 장난스럽게 많이 사용한다.

– 친구가 엉뚱한 농담을 했을 때

"야, 너를 어쩌면 좋니? 진짜 웃겨."

이렇듯 지적 호기심이 있는 사람은 뇌를 건강하게 하며 주위 사람을 건강하게 만들어 줍니다. 지적 호기심은 삶의 질을 향상하는 중요한 역할을 합니다. 뇌를 지속해서 활성화해 자기이해로 이어지며 자기이해는 감정조절 능력을 증진함으로써 스트레스와 불안 감소에 도움이 됩니다. 반복적인 학습과 연습은 기억력 향상에 기여하며, 새로운 정보를 더 잘 기억할 수 있게 하여 문화적 소양과 삶의 질을 높여줍니다.

자로 잰 듯한 정확성이 우선시되는 AI시대 일수록 '1+1=2'가 아닌 '1+1=완전한 합체'라는 다른 답도 제시할 수 있는 융통성이 필요한 시대입니다. 이러한 디지털 만능 시대에서도 건강하게 살아가기 위해서는 지속적인 학습활동을 통해 심리적 회복력을 강화하며, 스트레스와 불안감을 잘 극복하며 올바른 생활습관 유지로 신체기능과 뇌맥이 정상 가동할 수 있도록 합니다.

능동적 학습과 교육은 긍정적인 생각과 자아존중감으로 이

어질 수 있으며 새로운 지식을 습득하고 일상생활에서의 도전
과제를 더 효과적으로 해결할 수 있는 문제해결적 인지기능의
향상을 도와줍니다. 치매와 같은 인지기능 저하를 예방하는 데
도 도움이 되며, 전반적인 정신 건강을 개선할 수 있습니다.

최미경

6

뇌 건강을 지키는 실천 2

—

마음의 습관, 반응하는 몸

마음의 습관은 뇌 건강과 깊은 관련이 있습니다. 스트레스와 만성적 부정 정서는 스테로이드 호르몬의 일종인 코르티솔과 관련이 있습니다. 코르티솔은 적당한 양은 에너지 생성에 도움을 주지만, 과도하거나 장기간 분비는 뇌의 해마를 위축시켜 기억력 저하와 우울을 불러오기도 하고 면역력을 저하하기도 합니다. 반대로 감사의 마음, 웃음, 좋았던 기억을 회상하는 것과 같은 긍정적 정서는 도파민과 세로토닌을 분비해 뇌의 활력을 높여줍니다.

국내 임상 및 실증 연구들은 감사 일기를 쓰거나, 하루에 한 번 크게 웃는 시간을 마련하는 작은 습관만으로도 뇌 건강이 달라지며 노인의 우울 감소와 삶의 질 개선에 기여함을 보고하고 있습니다. 미국의 심리학자 셀리그만은 긍정심리학 연구에서 '감사를 표현하는 습관을 가진 사람들이 그렇지 않은 사람보다 우울감이 낮고 뇌 기능이 활발하다'는 결과를 제시했습니다. 매일 짧은 감사의 시간을 갖거나 웃음이 가득한 대화는 실제로 신경생물학적 혜택으로 이어질 수 있습니다.

운동은 신체 건강뿐 아니라 뇌에도 결정적인 영향을 줍니다. 걷기와 같은 유산소 운동은 뇌 혈류를 증가시켜 기억을 담당하는 해마hippocampus의 기능을 활성화합니다. 미국 하버드 의과대학 연구팀은 '주 3회 이상 빠르게 걷는 노인 그룹이 그렇지 않은 그룹보다 인지기능 저하 속도가 30% 늦었다'고 보고했습니다.

춤이나 요가는 신체활동과 동시에 즐거움과 교류를 주기 때문에 뇌를 다차원적으로 자극합니다. 실제로 독일의 한 연구에서는 65세 이상 노인들이 6개월간 댄스를 배운 결과, 단순 걷기보다 더 큰 인지기능 향상이 있었다고 합니다. 즉, 걷기·댄스·수영·자전거 타기 같은 지속 가능한 운동은 뇌 건강을 위한 강력한 도구입니다.

7

뇌 건강을 지키는 실천 3

관계와 교류

사람과의 대화는 뇌를 가장 활발히 움직이게 합니다. 말하기, 듣기, 공감하기는 여러 인지 영역을 동시에 사용하기 때문입니다.

한국보건사회연구원의 조사에 따르면, 65세 이상 노인 중 정기적인 모임에 참여하는 사람은 인지 저하율이 40% 낮다고 합니다. 이는 관계가 단순한 정서적 위로를 넘어, 뇌 건강을 지키는 강력한 수단임을 보여줍니다. 국내 통계와 연구는 동아리, 종교, 봉사, 동네 모임 등 정기적인 사회참여가 인지 저하 위험을 낮추고 우울을 감소시키며 삶의 만족을 높인다고 보고합니다. 치맥 모임처럼 '함께할 수 있는 소소한 자리'는 정서적 유대를 돈

독히 하고 뇌를 활발히 사용하게 하는 좋은 사회참여입니다.

사람을 만난다는 것은, 만남(인맥)과 교류(치맥)가 이루어지는 과정에서 사회적 네트워크가 확장되어 개인적인 삶의 질 뿐만 아니라 사회적 고립을 줄이고, 사회적 소통과 상호작용을 원활하게 하여 지역사회의 발전에도 기여할 수 있습니다.

최미경

8

변화에 발맞추기

—

도태되지 않는 삶

백세시대에 가장 두려운 것은 병이 아니라 도태입니다. 빠른 사회 변화 속에서 배우기를 멈추면 세상과 단절되기 쉽습니다.

"내가 배우지 않으면 세상이 나를 두고 가지만, 배우면 내가 세상과 다시 연결된다"고 말하는 사람이 있습니다. 한국정보화진흥원의 연구에 따르면, 스마트폰을 사용하는 고령자는 사용하지 않는 고령자보다 사회적 고립감이 35% 낮고, 삶의 만족도가 25% 높다고 합니다. 변화에 대한 작은 호기심이 삶을 풍요롭게 만드는 열쇠입니다. 백세시대의 삶은 변화와 재학습의 연속입니다. 디지털 기기 사용, 새로운 문화 코드, 사회적 트렌드를 받아들이지 않으면 소외될 가능성이 큽니다. 그러나 작은 호기심과 꾸준한 학습은 세상과의 연결을 유지해 줍니다. 고령층의 디지털 리터러시 향상이 사회적 참여와 삶의 만족도를 높이고 고립감을 줄이는 데 기여한다고 지적합니다. 변화에 대한 '의지와 습관'이 사람을 다시 세계와 잇는 다리가 됩니다.

어느 날 리트리버 애완견 한 마리를 자식같이 생각하는 아들 집에 청소해 줄 겸 들렀습니다. 찍찍이로 강아지 털을 제거한 후 청소기를 돌리다 잘못해서 아들이 구입한 걸레 청소기를 건드렸습니다. 순간 '마른걸레'라는 소리가 울려 퍼졌습니다. 몇 번이나 '마른걸레'라는 외침 소리가 계속해서 기계에서 울려 나오니 겁이 나기 시작했습니다. 건드리기만 하면 전원이 들어오는 다양한 기기들 때문에 불안해 청소를 포기해 버렸습니다. 아들 방에 있는 알 수 없는 어디에 사용되는 물건인지도 모르는 물건들이 모두 모두 공포로 다가왔습니다. 결국은 대충 청소하다 중단해 버렸습니다. 이제는 해결이 안 되는 일들에 대해서는 쉽게 포기해 버리게 되었습니다. 포기라는 단어가 일상 용어가 되어버린 것입니다.

얼마 전 아파트에 입주했습니다. 입구부터 시작해 들어가는 것에 적응할 때까지는 조작해야 하는 것들 때문에 어려움이 많았습니다. 음식물 쓰레기도 카드나 동호수 비밀번호가 있어야

   최미경

만 이용할 수 있습니다. 비밀번호를 잊어버렸는데 나에게는 재입력이 까다롭고 부담이 되었습니다. 결국은 처리할 때마다 불편해도 카드를 챙기게 됩니다. 난방이나 에어샤워 등을 조작하고 가동해야 하는 부분들이 익숙하지 않아 입주 2년이 되도록 작동 못 해본 것들도 있습니다. 방문차량은 앱에 등록해야만 차단기가 움직여 들어올 수 있는데 디지털에 미숙한 어느 사람에게는 엄청난 장벽일 수 있다는 걸 깨달았습니다.

마을도서관의 봉사활동에 관심이 있어 문의했더니 아파트 소통 관련 앱에 공지하니 거기에서 보라고 합니다. 아파트 단지 내 골프연습장도 앱을 통해 예약해야 하고, 아파트와 관련된 문화생활과 소통은 아파트 입주민이 모여 있는 앱의 단체방을 활용하라 합니다. 복잡하고 귀찮다는 이유로 앱을 내려받아 가입하고 활용하지 않은 결과는 거주하는 아파트 단지 안에서도 필요한 소식과 인맥 형성에서 소외되며 일상생활에 제약이 있었던 것입니다.

집안에서 리모컨으로 TV를 켜고 끄다가 귀찮아서 냅다 소리를 질러보았습니다.

"지니야~ TV 꺼!"

"네~ 음악을 들려 드리겠습니다."

나의 말을 인식하지 못했는지 갑자기 음악을 들려 드리겠다며 음악이 흘러나옵니다. 당황해서 음악을 끄라고 다시 소리 질렀더니 다른 음악이 나옵니다. 어이가 없어져 버렸습니다.

친구들 부부와 외국에 갈 일이 있었습니다. 몇 명은 여행사에서 미리 알려준 대로 비지트웹visit web 등록을 했습니다. 이 웹은 입국 시 입국심사·세관신고 정보를 온라인으로 등록해 두면 QR코드로 간편하게 수속할 수 있는 서비스입니다. 그러나 웹 등록을 했어도 필요한 순간 저장한 곳을 찾지 못하여 스마트폰만 만지작거리고 당혹스러워하다가 다시 종이에 적는 상황이 발생했습니다.

10년이면 강산이 변한다는 과거와는 달리 하루하루에도 변화가 많은 일상생활, 수시로 난감한 현실에 부닥쳐 적응이 어려울 때는 언어가 통하지 않는 외국에서 홀로 서 있는 느낌입니다. 살아간다는 것은 숨만 쉬는 것이 아닌 세상의 변화를 인지하며 변화에 발맞추어 동행하는 것입니다. 변화에 발맞추기 위해서는 단순히 껐다 켜는 것이 아닌 조작능력이 있어야 하고, 그럼으로써 건강한 삶도 즐길 수 있습니다. 건강한 삶은 인맥의 형성으로 이어지며 인맥은 치맥으로 이어져 교류가 풍성해지는 순환과정입니다. 그러나 이러한 순환과정의 주변인이 되어 가고 있는 현실을 실감하며 덩그러니 홀로 남아있는 듯 삶이 흔들리기도 합니다.

9

함께하고파

—

건강한 뇌와 열린 마음이 만드는 행복

인생에서 인맥은 분명 중요합니다. 하지만 그것이 무겁고 계산적인 관계라면 오래가지 못합니다. 오히려 치맥처럼 소소한 기쁨을 함께 나누는 시간이 사람을 이어주고 삶을 풍성하게 합니다. 인맥과 치맥 둘 중 무엇이 더 중요하냐고 묻는다면, 답은 둘 다입니다. 그러나 그 즐거움도 건강 없이는 불가능합니다. '치맥 같은 작은 즐거움'을 오랫동안 누리려면 신체·정신·뇌 건강이 바탕이 되어야 합니다. 바로 뇌맥이 중요한 이유입니다.

지금의 시대는, 과거의 시대처럼 나이가 들었다는 이유 하나만으로는 존경해 주지 않습니다. 시대를 앞서가기는 어려워도 함께 발맞추어 가려는 노력이 필요합니다. 나이 든 사람들이 모

최미경

여 "옛날에는 이러했는데"라며 신세 한탄하는 그 순간부터 다시 만나는 것이 불편해지며 이러한 불편감은 친구, 인맥, 치맥을 점점 멀어져가게 합니다.

배움, 운동, 관계, 긍정적 마음 습관, 그리고 변화에 대한 유연성은 뇌를 보호하고 삶의 질을 높이는 중요한 요소입니다. 결국 '인생은 인맥보다 치맥이지'라는 말 속에는 우리가 함께 웃을 수 있을 때 비로소 삶이 풍성해진다는 진심이 담겨있습니다. 그 즐거움을 오래 누리기 위해 오늘 작은 걸음 하나를 시작해 보길 권합니다. 인생에서 소중한 건 치맥 같은 즐거움이고, 그 즐거움을 지탱하는 건 바로 건강이라는 것을 뇌맥이 가르쳐 주고 있습니다. 건강한 몸과 맑은 뇌가 있어야, 친구와 웃고 떠들며 맥주 한잔을 즐길 수 있습니다.

뇌가 행복할 때 인생이 빛납니다. 그래서 나는 오늘도 작은 노력을 합니다. 책을 읽고, 걷고, 배우고, 만나고, 웃습니다. 이 모든 건 언제나 좋아하는 사람들과 치맥을 즐기며 인생을 단순하게, 그러나 깊게 즐기기 위해서입니다.

우리 모두의 인생에 인맥도, 치맥도, 뇌맥도, 화이팅!

김일식(2018). 뇌의 혁명, 행복우물.

나이토 요시히토 지음·서수지 옮김(2024). 세상에서 가장 재미있는 81가지 심리실험, 사람과나무사이.

바버라 스트로치 지음·김미선 옮김(2011). 가장 뛰어난 중년의 뇌, 해마루 출판사.

박소영, 박창희(2023). 고령층 디지털 정보격차 극복을 위한 스마트미디어의 잠재력.

https://www.kci.go.kr/kciportal/landing/article.kci?arti_id=ART002929775.

피터 피츠사이몬스 지음·강성희 옮김(2008). 51%의 법칙, 프리윌.

한국보건사회연구원(2020). 2020년도 노인실태조사 보고서.

https://www.kihasa.re.kr/publish/report/view?seq=37736.

한국보건사회연구원(2023). 노인의 여가 및 정보화 현황(요약). https://www.kihasa.re.kr/publish/regular/hsw/view?seq=38343

한국지능정보사회진흥원(NIA)(2021). 2021 디지털정보격차 실태조사 보고서.

https://www.nia.or.kr/site/nia_kor/ex/bbs/View.do?bcIdx=24287&cbIdx=81623.

한국지능정보사회진흥원(NIA)(2021). 2021년 스마트폰 과의존 실태조사 보고서.

https://www.nia.or.kr/site/nia_kor/ex/bbs/View.do?bcIdx=24288&cbIdx=65914.

한상무(2017). 책을 읽으면 왜 뇌가 좋아질까? 또 성격도 좋아질까?, 푸른사상.

Erickson, K. I., Voss, M. W., Prakash, R. S., Basak, C., Szabo, A., Chaddock, L., & Kramer, A. F. (2011). Exercise training increases size of hippocampus and improves memory. Proceedings of the National Academy of Sciences, 108(7), 3017-3022.

https://doi.org/10.1073/pnas.1015950108.

Harvard Health Publishing. (2024). Exercise can boost your memory and thinking skills.

https://www.health.harvard.edu/mind-and-mood/exercise-can-boost-your-memory-and-thinking-skills.

Jiayin Jin, Andrew Sommerlad, Naaheed Mukadam. (2024). UK Biobank: Association between adult education, brain volume and dementia risk.

https://www.ukbiobank.ac.uk/publications/association-between-adult-education-brain-volume-and-dementia-risk-longitudinal-cohort-study-of-uk-biobank-participants.

Nan Wang, et al. (2025). The Impact of Later-Life Learning on Trajectories of Cognitive Function.. Innovate Aging, 9(5), igaf023.

https://doi.org/10.1093/geroni/igaf023.

Sofi, F., Valecchi, D., Bacci, D., et al. (2011). Physical activity and risk of cognitive decline: a systematic review and meta-analysis of longitudinal studies. Journal of Internal Medicine,

https://www.ncbi.nlm.nih.gov/pmc/articles/PMC6075983.

Valenzuela, M. J., & Sachdev, P. (2023). Effects of adult education on cognitive function and risk of dementia in older adults: a longitudinal analysis. Frontiers in Aging Neuroscience. :

https://www.frontiersin.org/articles/10.3389/fnagi.2023.1212623/full.

백세시대 건강한 두뇌 만들기

김 대 영

김대영

브레인트레이닝 연구소 소장으로 브레인트레이닝 및 수면 증진에 대한 교육 및 연구를 하고 있다. 글로벌사이버대학교 브레인트레이닝학과 및 국제뇌교육종합대학원대학교 뇌교육학과 겸임교수로 있다. 신경가소성, 운동, 수면, 영양, 명상, 스트레스 관리를 통한 자기 개발과 뇌 건강에 대한 관점에 집중하고 있다. 유튜브 '빛나는 뇌' 채널을 통하여 실질적이고 체험적인 뇌 건강 정보를 제공한다. 저서 〈결국 성취하는 사람들의 뇌는 어떻게 만들어지는가?〉, 〈뇌에서 찾은 미래의 답(개정판)〉 있고, 공저 〈감정에 서툰 당신을 위한 마음의 뇌과학〉이 있다. 2024년 제11회 대한민국 전자출판 대상작으로 저서 〈결국 성취하는 사람들의 뇌는 어떻게 만들어지는가?〉가 선정되었다. 백세시대 두뇌 건강관리를 통하여, 건강하고 행복한 사회가 될 수 있도록 노력하고 있다.

1

들어가며

—

뇌는 나이를 모른다

바야흐로 백세시대이다. 과학과 의학 발달로 인간의 수명이 늘어났다. 수명은 늘어났지만, 과연 진정으로 행복한 삶을 살고 있는지 스스로 되물어보아야 한다. 우리나라는 이미 초고령시대에 접어들었다. 65세 이상 고령인구가 총인구에서 차지하는 비율이 20% 이상인 사회를 말한다. 통계청 발표에 의하면 우리나라는 2024년 12월 23일 기준으로 65세 이상 주민등록인구가 1,024만 4,550명으로, 전체 주민등록인구(5,122만 1,286명)의 20.3%를 기록하며 초고령사회에 진입했다.

고령화되면서 가장 큰 문제가 의료비의 급증이다. 2024년 65세 이상 고령층의 진료비가 50조 원을 넘어섰다. 2024년 기준

전체 진료비 116조 2,509억 원 중 65세 이상 고령층 진료비는 52조 1,221억 원으로 전체의 44.8%에 달하였다. 문제는 점점 비중이 커지면서 건강보험 재정에 악영향을 미쳐 적자 규모가 눈덩이처럼 커진다는 것이다. 적자 누적이 계속되면 아파도 제대로 치료를 받기가 어려워질 수도 있다.

통계청의 '2025년 고령자 통계'에 의하면 우리나라 은퇴 연령층의 상대적 빈곤율이 40%에 육박하며 경제협력개발기구OECD 회원국 중 가장 높은 것으로 조사됐다. 또한, 현재 삶과 자신의 사회·경제적 성취에 만족하는 고령자는 3명 중 1명에 불과한 것으로 나타났다. 노인의 우울증과 자살률 또한 높기에 큰 사회적 문제가 되고 있다.

앞으로 다가올 초고령사회에 대비가 필요하다. 개인적, 사회적으로 준비가 부족하고 재정 확대도 쉽지가 않다. 따라서 개인적으로 건강을 관리하는 것이 무엇보다 중요하다. 나이가 들어 아프면 의료비의 지출이 가장 큰 문제가 되기 때문이다. 건강관리에서 제일 중요한 것이 뇌 건강이다. 알츠하이머병으로 대표되는 치매는 아직 완치약이 없다. 한번 걸리면 돌이키기 어렵기에 많은 문제를 일으킨다. 뇌 건강을 지키기 위해서는 먼저 뇌에 대한 기본적인 지식이 필요하다.

김대영

인류에게 뇌 연구는 오랫동안 어려운 과제였다. 살아있는 인간의 뇌는 연구하기가 쉽지 않았다. 고대 이집트에서는 미라를 만들 때 심장 등 다른 장기는 중요하게 생각하여 잘 관리하였고, 두뇌는 쓸모없는 기관으로 생각하여 콧구멍을 통해 빼내어 버렸다. 인류 사회에서 오랜 기간 종교적인 이유로 뇌를 해부하고 연구하는 것은 금지됐다. 17세기 철학자 데카르트는 신경 안을 흐르는 체액(동물 정기)이 뇌로 정보를 전달한다고 생각하였다. 뇌가 전기적으로 정보를 전달하는 것을 발견한 것도 최근의 일이다. 오랫동안 뇌에 관한 연구가 부족하였다. 그러다 최근에 PET, fMRI 등 첨단 뇌 영상 기술이 개발되면서 인간 뇌의 기능에 관한 연구도 활발해졌다.

인간의 뇌는 약 천억 개의 특별한 세포로 구성되어 있다. 바로 '뉴런(신경세포)'이다. 스페인의 연구자인 라몬 이 카할Santiago Ramón y Cajal이 뉴런에 대한 특징을 정의하면서 노벨상을 받았다. 카할은 이러한 공로로 뇌 과학의 아버지로 불렸는데, 인간 뇌는 성인이 되면 변하지 않는다는 이론을 발표하였다. 이 주장은 20세기 내내 주요 학설로 인정되었다. 연구자들은 성인의 뇌도 변화한다는 이론을 간혹 발표했지만, 번번이 무시되었다. 새, 쥐, 원숭이를 통한 연구였기에, 사람이 아니라는 이유였다. 그러다

1998년에 세상을 뒤집는 놀라운 연구가 발표되었다. 실제 성인의 뇌를 통한 연구였다. 암 환자 5명이 자기 뇌의 연구를 위해 기증하였고, 사후 기억을 담당하는 해마의 치상회에서 새로운 신경세포가 재생됨을 확인하였다. 20세기 뇌 과학 최고의 발견에 속할 만큼 놀라웠다.

오랫동안 뇌 과학을 지배하던 기존의 이론이 바뀌었다. 천동설에서 지동설로 바뀌는 데 수백 년이 걸린 것과 같다. 성인의 뇌도 변화한다는 이론이 바로 '신경가소성Neuroplasticity'이다. 신경가소성은 후천적인 외부의 자극이나 경험, 학습에 따라 뇌의 신경망이 구조적·기능적으로 새롭게 변화한다는 이론이다. 우리 뇌는 고정된 콘크리트가 아니라 찰흙처럼 노력에 따라 얼마든지 변화한다.

최근 뇌 건강을 위한 연구가 활발하다. 두뇌는 어떻게 관리하느냐에 따라 노후의 삶에 극명한 차이가 난다. 80세 이후에도 젊은이처럼 건강하게 인지 활동을 하는 사람도 많다. 그런 사람을 '슈퍼 에이저Super Ager'라고 한다. 우울하고 아프면서 남은 삶을 보내야 한다면, 그것처럼 안타까운 일이 없을 것이다. 한 번뿐인 삶인데 말이다. 건강하고 활기차게 살아가는 것은 너무 중요하다. 지금부터 뇌를 젊고 건강하게 관리하는 방법을 배워보

자. 뇌 건강의 5가지 기둥인 움직임, 영양, 수면, 스트레스 관리,
명상에 관하여 이야기하고자 한다.

움직임

—

뇌는 움직이기 위해 존재한다

많은 뇌과학자는 두뇌가 왜 생겨났는지에 대한 대답으로 바로 움직임을 이야기한다. 움직임을 관리하고 통제하기 위해서라고 한다. 식물은 움직이지 않고, 동물은 움직인다. 식물은 뇌가 없고 동물은 뇌가 있다. 이것을 이야기하는 대표적인 생명체가 멍게이다. 멍게는 어린 시절에는 움직이는 생활을 하고 두뇌 같은 신경계를 가지고 있다. 그러다 성체가 되면 바위 같은 곳에 붙어 고착생활을 한다. 이때는 뇌를 영양분으로 흡수한다. 움직일 때는 뇌가 필요하고, 움직이지 않을 때는 뇌가 필요 없음을 보여준다. 움직임을 통제하기 위하여 뇌의 다양한 구조물이 관여한다.

김대영

우리의 선조들은 수렵 채집 활동을 하면서 생존을 위해 바쁘게 움직여야 했다. 연구에 의하면 남성은 하루 15~20km를 여성은 10km 정도를 걸었다. 그것도 평지가 아닌 굽은 산골짜기나 깊은 숲을 다녔다. 오랫동안 생존을 위해 움직이면서 두뇌가 발달하였다. 현대인의 두뇌도 잘 작동하기 위해서는 움직임은 선택이 아닌 필수다.

현대의 기술 문명은 두뇌를 건강하게 하는 것과는 반대로 작동한다. TV 광고에서는 편히 쉬라고 한다. 스마트폰 버튼 몇 번만 누르면 원하는 것이 몇 시간 후에 문 앞까지 배달된다. 그러한 생활이 편리하기는 하지만 뇌에는 필수적인 움직임을 적게 만든다. 두뇌에는 악영향을 미친다.

움직임을 생활 속에서 어떻게 적용할 것인가? 열심히 움직이는 생활을 해도 되고, 자신이 좋아하는 운동을 해도 된다. 움직임에 가장 대표적인 방법이 걷기이다. 하루 1만 보를 걷자는 캠페인이 많이 실시된다. 걷기는 아주 좋은 움직이지만, 뇌 건강 관리를 위해서는 부족한 면이 있다. 숨이 차는 중강도의 운동을 했을 때 건강에 더욱 유익하다는 것이 여러 연구에서 밝혀졌다.

우리 두뇌는 체중의 2.5%에 불과하지만, 산소를 20% 이상

소비하는 대식가이다. 두뇌에 산소를 많이 공급해 주면, 뇌 건강에 도움이 된다. 산소를 많이 마시는 유산소 운동이 중요하다. 유산소 운동은 최대 심박수에 따라 저강도, 중강도, 고강도 운동으로 구분한다. 저강도 운동은 걸으면서 이야기할 때 숨이 차지 않고 대화할 수 있는 수준, 중강도 운동은 약간 숨이 차고 대화가 가능하지만, 호흡이 가쁜 수준을 의미한다. 고강도 운동은 대화가 가능하지 않은 상태이다. 미국 정부는 시민들에게 바로 중강도 이상의 운동을 일주일에 150분 이상 권한다. 숨이 가쁜 운동이 포함되는 것이다. 고강도 운동을 할 때는 75분 정도를 해야 한다.

최근 골프를 비롯해 테니스, 볼링, 탁구 등 생활 스포츠를 즐기는 인구가 늘고 있다. 이런 운동도 훌륭하지만, 신체의 한쪽 근육을 주로 사용하는 편측성 운동이므로 장기간 지속하면 신체 불균형을 초래할 수 있다. 따라서 뇌와 신체의 좌우 균형을 잡아주는 조깅, 수영, 자전거 타기, 요가, 필라테스 등의 양측성 운동을 병행하는 것이 이상적이다.

운동 계획을 세울 때는 체력의 5대 요소(근력, 근지구력, 유연성, 심폐지구력, 신체조성)를 골고루 안배하는 것이 좋다. 각 요소가 뇌와 신체 건강에 미치는 영향은 다음과 같다.

* 근력: 근육이 한 번에 낼 수 있는 최대 힘이다. 근력이 바탕이 되어야 자세가 무너지지 않고, 뼈를 튼튼하게 하여 노년기 낙상을 예방할 수 있으며, 이를 단련하기 위해서는 스쿼트나 팔굽혀펴기, 아령 및 다양한 기구를 활용한 저항 운동이 대표적이다.

* 근지구력: 근육이 지치지 않고 오랫동안 일할 수 있는 능력이다. 장시간 걷기나 계단 오르기 등 일상생활의 활력을 유지하는 데 필수적이며, 가벼운 무게를 반복해서 드는 웨이트 트레이닝이나 등산, 수영, 자전거 타기 등을 통해 꾸준히 기를 수 있다.

* 유연성: 관절이 움직일 수 있는 가동 범위다. 근육과 인대를 부드럽게 풀어주어 부상을 방지하고 혈액순환을 돕는데, 요가나 필라테스, 일상에서의 꾸준한 맨몸 스트레칭이 매우 효과적인 방법이다.

＊심폐지구력: 심장과 폐가 산소를 온몸에 지속해서 공급하는 능력이다. 뇌에 풍부한 산소를 공급하여 신경가소성을 촉진하는 데 가장 핵심적인 역할을 하며, 약간 숨이 찰 정도의 조깅이나 수영, 빠른 사이클링 같은 유산소 운동이 이에 해당한다.

＊신체조성: 몸을 구성하는 체지방과 제지방(근육, 뼈 등)의 비율이다. 적절한 체지방률 유지는 체내 염증 수치를 낮추고 뇌 기능 저하를 막아주며, 이는 꾸준한 유산소 운동과 근력 운동의 병행, 그리고 규칙적인 식단 관리를 통해 달성할 수 있다.

오래 앉아 있는 좌식 생활은 노화를 앞당기고 치매 발병률을 높이는 가장 확실한 지름길이다. 이 5가지 요소를 고려하여, 어떻게 하면 일상에서 적극적으로 몸을 움직일지 구체적인 계획을 세워야 한다.

운동을 결심했다면 가장 먼저 해야 할 일은 '명확한 목표 설정'이다. 자신이 무엇을 향해 노력하는지를 모른다면 목표를 달성할 가능성이 작아진다. 단기 목표와 장기 목표는 운동처방의 필수적인 부분이다. 튼튼한 신체와 향상된 스포츠 경기력 같은 목표를 시각화하면 동기부여가 된다. 체력 목표의 달성은 자부심을 높이며, 규칙적인 운동을 평생 실행하는데 유인책을 제공한다. 체력 목표의 중요성은 아무리 강조해도 지나치지 않다.

규칙적인 운동을 위해서는 즐겁고, 쉽게 실행할 수 있으며 부상의 위험이 적은 신체 활동을 선택해야 한다. 운동을 하기 전에 짧은 시간 동안(5~15분)의 준비운동이 필요하다. 가벼운 체조나 저 강도의 기본 운동 형태이며 스트레칭을 포함한다. 심장에 가해지는 부담과 근육과 건의 부상 위험을 감소시킨다.

효과적인 운동의 네 가지 구성 요소는 FITT의 원리로 설명할 수 있다. 이는 운동 빈도Frequency, 강도Intensity, 시간Time, 그리고 유형Type을 말한다. 운동 빈도는 일주일 동안 실행하는 운동의 횟수이다. 건강 관련 체력 향상을 위해서는 주 3~5회가 적당하다. 운동 강도는 운동하는 동안 신체에 가해지는 생리적 스트레스 또는 과부하의 정도를 의미한다. 약간 숨이 찰 정도의 중강도가 이상적이다. 운동 시간은 1회 운동에서 30~60분 정도 지속하는 것을 말한다. 마지막으로 유형은 걷기, 조깅, 자전거 타기 등 목적과 흥미에 맞는 적절한 운동 방식을 선택하는 것이다. 운동 후에도 5~15분간의 저강도 운동과 스트레칭으로 마무리해 주는 것이 좋다.

바쁜 현대인에게 시간 부족이나 귀찮음은 운동을 가로막는 큰 장벽이다. 하지만 그 장벽을 넘었을 때, 뇌는 맑은 산소와 신경성장인자를 풍부하게 만들어내며 보답할 것이다. 단, 과도한 오버트레이닝은 오히려 면역력을 떨어뜨리고 스트레스 호르몬을 분비할 수 있다. 따라서 자신의 체력에 맞는 '적절한 선'을 지키는 지혜가 필요하다.

어느 정도의 운동이면 충분한가? 개인의 건강, 나이, 체력수준, 근육의 상태, 신체조성 등에 따라 각기 다르다. 운동의 건강 효과를 거두기 위해 요구되는 최소 수준의 운동이 필요하다. 준비운동, 정리운동을 제외한 30~60분 정도의 중~고강도 운동을 주 3~5회 실시하면 건강 효과의 최소 수준인 역치를 초과한다.

활동적 생활방식이 가져다주는 많은 장점에도 불구하고 보통 신체활동 수준이 낮다. 4가지 주요 장벽은 시간 부족, 사회적 및 환경적 영향, 불충분한 자원, 동기부여와 열의 부족이다. 그 중에서도 특히 내적 동기가 핵심이다. 하지만 지나친 운동은 면역 기능을 약화하는 스트레스 호르몬의 수준을 증가한다. 저하

된 면역 기능은 박테리아나 바이러스에 노출되었을 때 감염 위
험을 증가시키기에 적절한 운동이 필요하다.

3
영양

—

먹는 것이 곧 우리의 뇌를 만든다

먹는 것이 우리를 만든다. 어떤 것을 먹어야 건강해질까? 인류는 오랫동안 수렵채집 생활을 하였고, 먹을 것이 부족하게 생활하였다. 1만 년 전에 쌀, 밀가루를 경작하고 정착 생활을 하였다. 밀농사를 하면서 정착하니, 식량이 풍부해졌고 지구의 인구도 급속도로 늘어났다. 하지만 영양학자들은 정착 생활을 하면서 영양의 불균형이 이루어졌다고 한다. 예전에는 산, 바닷가에서 다양한 동식물을 섭취하였는데 재배된 곡물과 사육된 고기 위주로 집중되었다.

현대인은 바쁜 생활로 아침은 거르거나 시리얼, 빵으로 간단히 먹는다. 점심도 급하게 먹는 경우가 많다. 일이 끝난 후에 부

김대영

족한 영양을 섭취하기 위하여 폭식하는데 이러한 생활은 영양 불균형을 만들어 낸다. 치킨, 피자, 케이크 등은 포화지방으로 건강에 안 좋은 영향을 미친다. 급한 생활로 필수적인 영양을 제때 섭취하지 못한다. 탄수화물, 단백질, 지방뿐 아니라 비타민, 무기질로 잘 섭취하는 게 필요하다.

이러한 식습관의 변화와 더불어 현대 사회가 직면한 가장 치명적인 위기는 '영양의 결핍'이 아니라 '영양의 과잉'이다. 이스라엘의 역사학자 유발 하라리는 저서 〈호모 데우스〉에서 "역사상 처음으로 너무 많이 먹어서 죽는 사람이 못 먹어서 죽는 사람보다 많아졌다."며 현대 사회의 모순을 꼬집었다.

영양 과잉의 시대, 비만은 전 지구적인 질병이 되었다. 이제 뇌 건강과 장수를 위해서는 무엇을 먹느냐 만큼이나 '얼마나 절제하느냐'가 중요하다. 실제로 과학적 연구에 따르면, 섭취하는 열량을 적절히 제한하는 소식小食은 세포의 수명 시계라 불리는 장수 유전자 '텔로미어Telomere'의 길이가 줄어드는 것을 방지한다. 식욕을 절제하는 능력이 곧 뇌의 염증과 노화를 늦추고 건강한 삶을 연장하는 강력한 무기가 되는 셈이다.

뇌는 우리 몸에서 가장 많은 에너지를 소비하는 기관이다. 산소처럼 에너지도 전체의 20% 가까이 사용한다. 에너지 소모가 많은 뇌는 '무엇을 먹느냐'에 따라 기능이 달라진다. 뇌 건강은 새로운 자극과 학습, 경험을 통해 신경회로가 바뀌는 현상인데, 그 기반에는 충분한 영양 공급이 필요하다. 따라서 뇌를 건강하게 하는 음식이란 단순한 영양식이 아니라, 뇌가 끊임없이 변화하고 성장하도록 돕는 연료이자 재료이다. 현대사회의 식습관은 뇌의 건강을 심각하게 위협한다. 정제된 탄수화물, 과도한 당 섭취, 인스턴트 식품은 뇌 신경세포의 통신을 방해하고 염증을 유발한다. 반면, 자연 그대로의 음식과 균형 잡힌 영양은 뇌 신경망의 회복과 재구성을 돕는다. '먹는 대로 생각한다'는 말은 단순한 비유가 아니라 과학적 사실이다.

뇌 건강을 위한 영양소의 핵심은 단연 오메가-3 지방산의 일종인 DHA_{Docosahexaenoic Acid}다. DHA는 뇌 신경세포막을 구성하는 주요 성분으로, 신경전달물질이 막을 원활히 통과하도록 돕는다. DHA가 부족하면 세포막이 뻣뻣하게 굳어 신호 전달이 느려지고 기억력이 떨어진다. 연어, 고등어, 정어리 같은 등푸른생선과 견과류(호두), 들기름이 훌륭한 공급원이다. 새로운 신경회로가 형성될 때 세포막의 유연성이 높아지면서 인지 능력이 향상되므로, DHA는 뇌 가소성의 필수 재료라 할 수 있다.

뇌의 해마_{hippocampus}는 기억과 학습을 담당하는 뇌 건강의 핵

김대영

심 기관이다. 스트레스나 수면 부족, 불균형한 식습관은 해마의 신경세포를 위축시키지만, 특정 영양소는 이를 회복시킨다. 대표적인 것이 비타민 B군(특히 B1, B6, B12)과 폴산, 아연, 마그네슘이다. 이들은 신경전달물질의 합성과 신경세포 재생을 촉진하여 뇌의 회복탄력성을 높인다. 최근 연구에서는 강력한 식물성 항산화 물질인 플라보노이드flavanols가 풍부한 블루베리, 다크초콜릿, 녹차 등이 해마의 BDNF(뇌유래신경성장인자) 생성을 자극한다는 결과도 나왔다. BDNF는 뇌 건강을 촉진하는 대표적 단백질로, 새로운 학습을 도와 기억력을 강화한다. 따라서 하루 한 줌의 베리류나 녹차 한 잔은 단순한 간식이 아니라 뇌 신경망을 단련하는 작은 훈련이 된다.

장은 실제로 '제2의 뇌'로 불릴 만큼 복잡한 신경계를 가지고 있다. 장벽에는 약 1억 개의 신경세포가 존재하며, 뇌와는 미주신경으로 직접 연결되어 있다. 장내 세균의 균형이 깨지면 세로토닌과 도파민 같은 신경전달물질의 생산이 줄어들어 불안, 우울, 피로감이 증가한다. 발효식품(요거트, 김치, 된장)이나 식이섬유가 풍부한 음식은 장내 미생물의 다양성을 높여 뇌와 마음의 균형을 지켜준다. 실제로 장내 미생물총의 변화가 BDNF의 분비에 영향을 준다는 연구도 있다. 즉, 잘 먹는다는 것은 곧 잘 느끼고, 잘 생각하는 뇌의 토대를 만드는 일이다.

밤늦게 먹는 음식은 단순한 습관이 아니라 뇌의 보상회로를 자극하는 중독 행위이다. 고지방, 고당분 식품은 도파민의 급격한 분비를 유발하여 일시적 쾌감을 주지만, 반복될수록 뇌의 보상체계가 무뎌진다. 결국, 더 많은 자극을 요구하게 되어 폭식이나 비만으로 이어지고, 이는 해마의 위축과 인지 저하로 연결된다. 수면 전 야식은 체온을 높여 멜라토닌 분비를 억제하고, 수면의 질을 떨어뜨린다. 수면 부족은 곧 뇌의 회복력 저하로 이어지므로, 일정한 시간에 가볍게 먹는 습관이 중요하다. 뇌의 젊음을 지키는 가장 확실한 방법은 공복의 시간과 규칙적인 식사 리듬을 유지하는 것이다.

뇌 건강을 돕는 식단의 핵심은 단순하다.

- 가공식품보다 자연식 위주로 섭취할 것

- 등푸른 생선, 견과류, 채소, 과일, 발효식품을 골고루 먹을 것

- 정제 탄수화물, 설탕, 트랜스지방, 야식은 줄일 것

- 하루 2L 이상의 수분 섭취로 뇌 혈류를 원활히 유지할 것

이러한 습관은 단기간의 다이어트나 체중 조절을 넘어서, 신

경세포의 재생과 회복을 돕는 뇌 건강의 생활 습관이 된다. 뇌 건강을 관리해 주는 브레인푸드를 꾸준히 섭취하면, 뇌는 점점 더 유연해지고 새로운 자극에 민감하게 반응한다. 신경세포 사이의 시냅스가 강화되며, 기억력과 집중력이 높아지고, 감정의 균형도 안정된다. 반대로 잘못된 식습관은 염증과 산화스트레스를 일으켜 뇌 신경망을 손상한다. 결국, 먹는 것은 단순히 배를 채우는 행위가 아니라 뇌 건강을 관리하는 창조적 과정이다. 우리의 식탁이 곧 뇌 건강의 미래를 결정한다.

결론적으로, 뇌는 우리가 먹는 음식의 총합이다. 뇌 건강을 유지하고 강화하는 길은 거창하지 않다. 매일의 식탁 위 선택이 바로 뇌 건강을 유지해 주고, 내일의 사고력과 감정, 그리고 성취를 결정한다. 잘 먹는 것이 곧 잘 사는 것, 그리고 잘 생각하는 것임을 기억해야 한다.

4

수면

—

뇌가 스스로를 치유하는 시간

과거에는 잠을 많이 자는 것을 미덕으로 여기지 않았다. 수험생들 사이에서는 '4시간 자면 합격하고 5시간 자면 떨어진다'는 사당오락四當五落이라는 말이 유행했다, '잠은 죽어서나 자는 것'이라며 수면을 경시하는 풍조가 팽배했다. 바쁘게 돌아가는 현대 사회에서 잠은 곧 게으름의 상징처럼 여겨졌다.

최근의 연구는 수면은 단지 피로를 푸는 수동적인 시간이나 쓸모없는 시간이 아니라는 것을 밝혀냈다. 수면은 크게 빠른 안구 운동이 동반되는 '렘REM수면'과 그렇지 않은 '비렘Non-REM수면'으로 나뉜다. 렘수면은 잠을 자고 있는데도 뇌파가 마치 깨어 있는 것 같은 활발한 활동을 보이는 시기다. 이때 뇌는 낮 동

김대영

안 학습한 지식과 경험을 정리하여 장기기억으로 안전하게 저장한다. 렘수면이 부족하면 아무리 코피를 쏟으며 공부해도 지식이 뇌에 온전히 남지 않게 된다.

신체의 피로를 회복하고 뇌를 씻어내는 핵심적인 시간은 깊은 비렘수면 단계다. 낮 동안 뇌가 격렬하게 활동하고 나면, 뇌 속에는 베타-아밀로이드와 같은 독성 단백질 노폐물이 쌓인다. 이것이 배출되지 않고 축적되면 알츠하이머 치매를 유발하는 치명적인 원인이 된다. 다행히 우리가 깊은 잠에 빠져들 때, 뇌의 청소 시스템인 '글림프 시스템Glymphatic System'이 작동하여 뇌척수액이 뇌세포 사이의 노폐물을 말끔히 씻어낸다. 즉, '잘 자는 것'이야말로 가장 확실하고 부작용 없는 치매 예방약인 셈이다.

인류는 오랫동안 낮에는 움직이고 밤에는 잠을 자면서 지친 몸과 마음을 충전하였다. 산업혁명 이후 전기가 발견되면서 밤에도 낮과 같은 활동적인 생활을 하게 되었다. 밤에 쉬어야 하는 현대인에게 큰 변화가 일어났다. 특히 현대인의 필수품인 스마트폰은 수면을 방해하는 큰 요소가 된다. 밤에 스마트폰을 보면, 뇌는 낮이구나 생각한다. 수면을 유도하는 멜라토닌 호르몬이 나오지 않고 숙면을 방해한다.

요즘 사회를 카페인 중독 사회라고 한다. 바쁜 생활 속에서 수면 부족까지 겹치니 각성을 위해 커피를 필수적으로 섭취한다. 피곤한 오후에도 한잔, 심지어는 잠자기 전에도 마신다. 아데노신은 하루 생활을 하다 보면 축적되어 수면을 취하도록 수면 압박을 주는 물질이다. 커피의 카페인은 이 아데노신 수용체에 대신 달라붙어 뇌가 피로를 느끼지 못하게 속이는 길항제(억제제) 역할을 한다. 카페인은 체내에 머무는 반감기가 보통 5~6시간 이상으로 길기 때문에, 늦은 오후나 저녁에 마신 커피 한 잔이 그날 밤의 숙면을 방해할 수 있다.

연구자들은 수면에 도움이 되는 행위를 모아 수면위생이라고 부른다. 몇 가지 수면위생을 소개한다. 제일 중요한 것이 생체리듬의 규칙성이다. 하루하루 생활을 규칙적으로 하는 게 중요하다. 취침하는 시간, 일어나는 시간의 규칙성을 말한다. 인류는 호랑이, 사자 등 맹수를 피해서 움직여야 했기에 낮에는 움직이고 밤에는 동굴에서 휴식을 취했다. 낮에는 해가 떠 있어서 동물의 움직임을 살필 수 있었다. 태양은 생체리듬의 중요한 지표가 되었다. 그래서 해가 떠오르고 움직임을 하면 뇌에서 아침이구나 인식하고, 해가 지면 밤이구나 인식하고 쉴 수 있도록 수면 호르몬을 분비하였다.

오전에 햇볕을 쬐면서 움직이는 게 중요하다. 오전에 햇볕을 쬐면 14시간 후에 수면 호르몬인 멜라토닌이 뇌의 뒤쪽 부분에 위치한 송과체에서 분비된다. 요즘은 움직이지 않은 생활로 햇볕을 쬐는 시간이 줄었다. 피부를 보호하기 위해 자외선을 피하는 것도 한 요인이다. 자외선이 강하지 않은 오전을 이용하여 햇볕을 쬐자. 저녁에는 음식 섭취를 최소화하는 것이 좋다. 하루 열심히 살았다고 밤늦게 야식으로 치킨, 피자를 먹는 것은 수면에 안 좋은 영향을 미친다. 좋은 수면을 위해 낮 동안 열심히 움직이고 운동하는 것이 중요하다.

수면위생이란 불면증 해소를 돕기 위해 피터 하우리Peter Hauri 가 최초로 체계화한 개념을 표현한 용어이다. 수면위생교육sleep hygiene education에는 수면을 저해하거나 증진하는 행동들의 목록을 포함하고 있다. 수면 위생교육의 구체적인 내용으로는 매일 아침 일정한 시각에 기상하도록 하며 기상 시까지 시계를 보지 않기, 낮 시간 침대 이용 및 낮잠 금지, 밤에도 졸릴 때만 눕기, 매일 오전 적절한 양의 운동하기, 정오 이후로 커피를 마시지 않기, 적당히 먹고 야간에 허기가 지지 않도록 하며 수분 섭취를 제한하기, 적절한 온도와 소음을 차단하기 등이 있다. 2022년 보건복지부와 국가트라우마센터는 건강한 수면을 위한 '수면위생' 실천법 10가지를 아래와 같이 안내하였다. 수면위생을 꼼꼼히 체크하고 수면을 관리하자.

1. 규칙적인 시간에 잠자리에 들고 일어나기
2. 낮잠은 가급적 피하고 자더라도 30분을 넘기지 않기
3. 낮 동안 햇볕을 충분히 쐬고 적당한 실외 활동하기
4. 오후 3시 이후에는 가급적 카페인 섭취하지 않기
5. 잠들기 6시간 전에는 과격한 운동하지 않기
6. 깊은 수면을 방해하는 담배와 술은 멀리하기
7. 쾌적한 침실환경 마련하기
8. 수면 전에 TV나 스마트폰 사용 자제하기
9. 잠자리에서 반복적으로 시간 확인하지 않기
10. 자리에 누운 뒤 20분이 지나도 잠이 오지 않으면 졸음이 느껴질 때 자리에 눕기

5

스트레스

—

뇌가 보내는 생존 신호

우리는 스트레스 범람의 시대에 살고 있다. 본래 스트레스 반응은 가혹한 자연환경에서 인류가 생존하기 위해 고안된 정교한 방어 시스템이었다. 초원에서 호랑이나 맹수를 만나면 온 힘을 다해 도망쳐야 하고, 사냥감인 토끼를 발견하면 전력 질주해 잡아야 한다. 이처럼 생존을 위해 극도로 각성하여 싸우거나 도망치는 반응을 '투쟁-도피 반응Fight-or-Flight Response'이라고 한다. 원시 시대의 스트레스는 호랑이를 피해 동굴로 무사히 숨어 들어가면 끝나는 일시적인 현상이었다.

현대인은 좋은 대학교에 가기 위하여 수년간 노력한다. 그리고 돈을 많이 벌어야 하는 것, 승진해야 하는 것, 집을 사는 것

등 단시간이 아니라 장기간의 시간이 필요하다. 이것은 현대인에게 장기적인 스트레스를 유발한다. 장기적인 스트레스는 면역력을 떨어트리고 기억을 담당하는 해마의 신경세포를 파괴한다.

스트레스는 우리 몸의 중요한 자율신경계를 약화시킨다. 우리 몸은 체온, 수분, 영양 등이 수치에 맞게 관리되어야 하는데 이를 항상성이라고 한다. 항상성과 관련된 신경계가 자율신경계이다. 자율신경계는 교감신경과 부교감신경으로 구분된다. 투쟁 도피 반응과 관련된 신경계가 교감신경계이다. 호랑이를 만나면 온 에너지를 다해 싸우거나 도망가는 데 사용해야 한다. 심장박동이 빨라지고, 온몸의 에너지를 사용해야 한다. 과한 에너지를 사용하고 나면 부교감신경이 회복을 위해 작용했다. 낮에 생존을 위해 활동하고 밤에는 어두운 동굴에서 충분히 휴식을 취했다. 그러면서 자율신경계의 균형을 맞추었다. 그러나 현대인은 늦은 밤까지 활동한다. 계속된 교감신경의 항진으로 항상성이 깨진다. 지치고 피곤한 삶을 사는 것이다. 스트레스를 관리하는 것이 아주 중요한 요소가 되었다.

우리 뇌는 생활 속에서 느끼는 스트레스를 사바나 사막에서 호랑이를 만나는 것처럼 인식한다. 이를 어떻게 피해야 할 것인가? 4차 산업혁명 시대에 살고 있지만 두뇌는 사바나 초원에서 사는 것으로 느낀다. 데카르트는 신체와 마음이 분리가 되었다는 이원론적 사고관을 가지고 있었다. 수백 년간 지속된 이원론은 여러 연구자에 의해서 틀린 것으로 확인되었다. 몸과 마음이 연결되어 있고 영향을 미친다는 것이다. 마음이 아프면, 몸이 아프다. 신체가 건강해야 뇌가 건강해진다. 몸 건강, 뇌 건강을 위해 마음을 건강하게 관리해야 한다. 마음 건강을 관리하기 위한 중요한 요소가 바로 스트레스다.

현대인의 사망원인의 70~80%가 만성질환이다. 대부분의 만성질환이 불규칙적인 생활습관에서 온다. 백세시대라고 하는데 노후에 건강한 삶을 누리지 못하고 있다. 부족한 운동, 불충분한 수면, 영양이 부족한 식사 등을 말한다. 이러한 잘못된 생활 습관의 중요한 원인이 스트레스이다. 스트레스를 어떻게 관리할 것인가가 매우 중요한 과제이다.

스트레스 발생 경로는 크게 두 가지가 있다. 먼저 아드레날린 호르몬이 분비되어 교감신경계를 항진하는 경로이다. 그리고, 스트레스 반응이 감정의 중추인 편도로 들어오면서 보이는 자극이다. 이 자극은 시상하부-뇌하수체-부신피질이라는 뇌의 부위로 연결된다. 각 부위의 앞 자를 따서 'HPA 축Hypothalamic-

Pituitary–Adrenal Axis'이라고 한다. HPA 축이 활성화되면 단기적으로 면역력을 향상하는데, 장기적으로 활성화되면 면역력을 약화한다. 또한, HPA 축이 활성화되면서 스트레스의 대표적 호르몬인 코르티솔Cortisol이 분비된다. 코르티솔이 장기적으로 분비되면 기억을 담당하는 해마를 자극하여 신경세포를 파괴한다. 스트레스가 많으면 기억력이 깜빡깜빡하는 것이 바로 이 때문이다. 이게 지속되면 기억을 잃어버리는 알츠하이머 치매의 원인이 된다.

스트레스 관리에 중요한 부분이 호르몬 관리이다. 우리 몸을 관리하는 아주 중요한 시스템이 호르몬이다. 신체에서 호르몬이 적절하게 잘 분비되어야 하는데 현대인은 그렇지 못하다. 요즘 현대인에게 중요시되는 호르몬 중 하나가 도파민이다. 보상 또는 쾌감 호르몬으로 알려져 있는데 경쟁이 치열한 현대인에게 도파민을 얻느냐 못 얻느냐는 중요한 문제이다.

도파민은 중뇌의 흑질이나 기저핵에서 주로 분비된다. 도파민은 삶을 살아가는 중요한 원동력이 된다. 우리는 평생을 발전하기 위해서 노력한다. 그러한 노력은 삶에서 중요하다. 현재 부의 분배가 한쪽으로만 쏠리고 있다. 가진 사람과 못 가진 사람의 차이가 크다. 가장 기본적인 생리적인 욕구가 충족되는 게 중요하다. 기본적인 욕구와 관련 있는 보상의 중요한 역할을 하는 것이 도파민이다. 경쟁 및 빈부의 격차가 심해지면서, 보상 시스템이 잘 안되는 경우가 많다.

도파민이 잘 분비되지 않으면 운동성 장애인 파킨슨 질환의 원인이 된다. 감정이 충족되지 않으면 인간의 가장 기본적인 행동에 제약이 생기는 것이다. 우리 뇌는 왜 이런 시스템을 만든 것일까? 어느 정도 충족이 되어야 도파민이 나오는데, 그러지 못하면 호르몬이 잘 나오지 못한다. SNS를 보면 해외여행, 맛집, 고가의 쇼핑을 하는 글이 넘쳐난다. 남들은 잘 놀고 부유한데 나만 그러지 못한 것 같다. 이렇게 비교할 때 호르몬은 잘 나오지 않는다. 호르몬이 잘 나오지 못하면 스트레스를 받고 건강에 문제가 생긴다.

조금이라도 도파민이 분비되면 좋은데 그러지 않으면 극도의 상황으로 치닫는 경우가 생긴다. 사회에서 문제가 되는 묻지 마 식 범죄 같은 경우다. 자신과 아무 인연이 없는 사람을 이유 없이 범죄 대상으로 몰아붙이는 경우다. 자신의 스트레스를 풀기 위해 극한으로 치닫는 경우다. 극심한 스트레스는 사회적 고립과 충동 조절 능력의 저하로 이어질 수 있다. 서로가 배려

하고 존중해주는 문화가 필요하다. 자기 뇌 건강을 지키기 위해
사회의 건강도 중요하다.

김대영

6

명상

—

소란스러운 뇌를 잠재우는 내면의 스위치

스트레스를 관리하고 뇌를 회복시키는 최고의 훈련법으로 최근 전 세계 뇌 과학계와 실리콘밸리가 주목하는 것이 바로 '명상'이다. 명상冥想을 한자로 풀이하면 '눈을 감고 깊이 생각한다(사색해 본다)'는 뜻이다. 현대인은 아침에 눈을 뜨는 순간부터 잠들 때까지 쏟아지는 엄청난 양의 정보에 의식을 빼앗겨 있다. 특히 스마트폰과 SNS는 도파민 회로를 끝없이 자극하며 우리의 시선과 에너지를 외부로만 소모하게 만든다. 물질적 풍요와 수명은 늘었지만, 정작 삶의 질은 곤두박질치는 모순 속에 살고 있다.

국민건강보험공단이 발표한 '2024 건강검진 통계연보'에 따르면 2024년 일반건강검진 수검자 약 1752만 명 중 69.8%가 대사증후군 위험 요인을 갖고 있었다. 국민 70%, 고혈압 등 뇌 건강에 적신호가 켜졌다. 의료와 과학이 발전했는데, 오히려 뇌 건강은 악화되고 있다. 스스로 뇌 건강을 관리할 수 있는 방법을 터득하고 관리해야 한다. 명상이 새로운 화두로 떠오른 이유는 이런 문제를 해결하는 데 효과적이기 때문이다.

여러 감각 중 가장 주된 감각이 바로 시각이다. 인류는 맹수보다 힘이 없었기 때문에 움직임을 잘 포착해야만 생존할 수 있었다. 우리 속담에 몸이 천 냥이면 눈이 구백 냥이라는 말이 있다. 다양한 감각 중에서 가장 강력하고 빠르게 외부로의 의식을 중단시킬 수 있는 것이 바로 시각이다. 눈을 감고 내부로 의식을 돌려보자. 그리고 차분하게 호흡해 보자. 숨을 깊이 들이마시고 내쉬어 보자, 몇 번만 깊은 호흡을 하면 마음이 차분히 가라앉는 것을 체험할 수 있다.

너무 많은 자극 속에 긴장 상태로 살아가는 현대인에게 가장 유명한 마음챙김Mindfulness 훈련 중 하나가 바로 '바디 스캔Body Scan'이다. 편안히 눕거나 앉아 눈을 감고, 발끝부터 정수리까지 신체 부위 하나하나에 차례대로 주의를 기울이며 그곳의 감각을 있는 그대로 느껴보는 것이다. 이 과정을 통해 우리는 과부하에 걸린 뇌를 비우고 '지금, 여기'의 내 몸으로 온전히 돌아오는 법을 터득하게 된다.

미국 하버드 의대의 허버트 벤슨Herbert Benson 교수는 종교적 색채를 덜어내고 의학적 원리만을 추출하여 '이완 반응Relaxation Response'이라는 명상법을 정립했다. 우리의 뇌는 현실과 생생한 상상을 완벽히 구분하지 못하는 특성이 있다. 눈을 감고 신 레몬을 한입 베어 무는 상상만 해도 입안에 침이 고이듯, 어떤 생각과 언어를 품느냐에 따라 뇌의 신경 회로와 호르몬 분비가 즉각적으로 달라진다.

한국에는 전통 심신 수련법에 뇌 과학을 접목한 '뇌파진동Brain Wave Vibration 명상'이 있다. 뇌파진동은 고개를 좌우로 가볍게 흔드는 '도리도리' 동작을 통해 목과 어깨의 경직을 풀고 뇌파를 안정시키는 동적動的 명상법이다. 가만히 앉아 생각을 비우기 어려운 현대인들은 오히려 가벼운 신체의 진동을 통해 복잡한 생각의 고리를 더 쉽게 끊어낼 수 있다. 여러 연구를 통해 뇌파진동 명상이 스트레스 호르몬을 감소시키고 긍정적 정서를 높여준다는 과학적 효과가 입증되었다.

우리의 뇌는 진화 과정에서 생존을 위해 위험 요소를 먼저 감

지하는 '부정적 편향성Negativity Bias'을 갖도록 프로그래밍이 되어
왔다. 과거 사바나 초원에서는 바스락거리는 나뭇잎 소리를 호
랑이로 착각해 도망치는 것이 생존에 유리했기 때문이다. 하지
만 맹수가 사라진 안전한 현대 사회에서, 매사를 불안과 부정적
인 시선으로 바라보는 뇌의 옛 습관은 오히려 극심한 스트레스
와 신경 손상을 유발한다.

부정적인 말 한마디는 뇌의 투쟁-도피 반응을 촉발하지만,
자신을 다독이는 긍정적인 말은 강력한 이완 반응을 끌어낸다.
거창한 수련원에 가지 않더라도, 일상 속 조용한 공간에서 눈을
감고 '나는 편안하다', '다 잘 될 것이다'처럼 자신에게 힘이 되는
짧은 문장을 반복해서 읊조려 보자. 명상은 거창한 수련이 아
니다. 눈을 감고 호흡 하나에 집중하는 것만으로도 뇌는 이완
반응을 시작한다. 부정적인 생존 회로가 잠잠해지고, 긍정적인
신경망이 조금씩 자리를 잡는다. 그렇게 뇌는 매일 조금씩 달
라진다.

7

백세 뇌 건강 설계

—

오늘부터 시작하는 뇌 건강 로드맵

건강한 뇌는 어느 날 갑자기 만들어지지 않는다. 마치 집을 짓듯, 하루하루 쌓아 올린 습관의 총합이 곧 우리의 뇌를 완성한다. 지금까지 살펴본 다섯 가지 기둥, 즉 움직임·영양·수면·스트레스 관리·명상은 서로 독립된 처방이 아니라 하나의 유기적인 시스템이다.

단순한 희망이 아니라 과학이 증명한 사실이다. 뇌는 나이가 들어도 경험과 환경에 따라 얼마든지 달라질 수 있다. 70세에 운동을 시작해도 기억을 담당하는 해마가 커지고, 명상을 배워도 생각하고 판단하는 전두엽이 더 건강하게 작동한다. 뇌에게 있어 시작하기 늦은 나이란 없다.

다섯 기둥은 각각 고유한 방식으로 뇌에 작용하면서 서로를 강화한다. 규칙적인 움직임은 신경가소성을 촉진하여 새로운 신경회로 형성을 돕는다. 균형 잡힌 영양 섭취는 뇌 세포막의 유연성을 유지한다. 앞서 살펴보았듯 블루베리나 녹차 같은 식품은 해마의 BDNF(뇌유래신경성장인자) 생성을 자극하여 기억력을 강화한다.

충분한 수면은 글림프 시스템을 가동하게 시켜 낮 동안 쌓인 독성 단백질 노폐물을 씻어낸다. 스트레스를 잘 관리하면 코르티솔 수치가 안정된다. 그 결과 해마의 신경세포가 보호되어 기억력 저하를 막을 수 있다. 명상은 전두엽을 활성화하여 감정 조절 능력과 주의 집중력을 높여준다.

다섯 가지가 톱니바퀴처럼 맞물릴 때 뇌는 최적의 상태로 작동한다. 하나가 무너지면 다른 기둥도 흔들린다. 잠을 제대로 못 자면 식욕 조절 호르몬이 흐트러지고 과식으로 이어진다. 스트레스 반응도 예민해진다. 반대로 하나가 회복되면 나머지도 따라서 안정된다.

실천 방법은 생각보다 단순하다. 세계보건기구(WHO, 2019)와 여러 뇌과학 연구가 공통으로 권고하는 생활 습관을 하루의 흐름 속에 녹여보자. 아침에는 햇볕을 받으며 10~20분 걷는 것이 좋다. 오전의 빛이 생체리듬을 조율하고, 14시간 후 멜라토닌 분비를 준비시킨다.

낮에는 등 푸른 생선, 채소, 발효식품이 포함된 균형 잡힌 식사를 한다. 정오 이후 카페인은 자제한다. 오후에는 중강도 이상의 유산소 운동을 30분 이상, 주 3~5회 실천한다. 악기나 외국어, 글쓰기처럼 새로운 것을 배우는 인지 활동을 병행하면 더욱 좋다.

저녁에는 야식 대신 따뜻한 차 한 잔을 마신다. 스마트폰을 내려놓고 10분간 바디 스캔이나 호흡 명상으로 하루를 마무리한다. 일정한 시각에 눕고 일어나는 수면 습관도 무엇보다 중요하다. 뇌의 청소부인 글림프 시스템은 규칙적인 깊은 수면 때만 제대로 작동하기 때문이다.

이 모든 루틴을 한 번에 바꾸려 하면 오래가지 못한다. 오늘 한 가지만 골라 2주간 실천해 보자. 작은 성공이 도파민을 분비시킨다. 그 도파민이 다음 실천의 동력이 된다.

앞서 소개한 슈퍼에이저를 연구한 결과, 이들에게는 공통된 특징이 있었다. 규칙적인 신체 활동을 유지하고, 새로운 배움과 도전을 멈추지 않는다. 따뜻한 사회적 관계망 속에서 타인과 적극적으로 교류하며, 어떤 상황에서도 긍정적인 의미를 찾는 심리적 탄력성을 갖추고 있다.

이 모든 특징은 이 장에서 이야기해 온 다섯 기둥과 맞닿아 있다. 슈퍼에이저는 특별한 유전자를 타고난 사람이 아니다. 매일의 선택을 조금 다르게 한 사람들이다.

백세시대를 진정으로 살아간다는 것은 단순히 오래 사는 것이 아니다. 마지막 순간까지 스스로 생각하고, 느끼고, 관계 맺고, 의미를 창조하는 뇌를 유지하는 것이다. 그 뇌는 저절로 만들어지지 않는다. 오늘의 작은 실천이 10년 후, 20년 후의 뇌를 결정한다.

뇌는 언제나 변화할 준비가 되어 있다. 지금 이 페이지를 읽는 이 순간에도, 당신의 뇌에서는 새로운 연결이 만들어진다. 건강한 뇌를 설계하는 여정은 오늘 시작할 때가 가장 빠르다.

참고문헌

김대영(2023). 뇌에서 찾은 미래의 답. 슬로디미디어

Scott K. Powers, Stephen L. Dodd, Erica M. Jackson(2016). 건강한 삶을 위한 운동처방기초 (6판). 대한미디어

구재옥 등(2019). 이해하기 쉬운 영양학(제3판). 파워북

유발 하라리(2017). 호모 데우스 미래의 역사. 김영사.

Benson, H., Beary, J. F., & Carol, M. P. (1974). The relaxation response. Psychiatry, 37(1), 37-46.

Eriksson, P. S., Perfilieva, E., Björk-Eriksson, T., Alborn, A. M., Nordborg, C., Peterson, D. A., & Gage, F. H. (1998). Neurogenesis in the adult human hippocampus. Nature Medicine, 4(11), 1313-1317.

Harrison, T. M., Weintraub, S., Mesulam, M. M., & Rogalski, E. (2012). Superior memory and higher cortical volumes in unusually successful cognitive aging. Journal of the International Neuropsychological Society, 18(6), 1081-1085.

Jung, Y. H., Kang, D. H., Jang, J. H., Park, H. Y., Byun, M. S., Kwon, S. J., ⋯ & Choi, S. H. (2010). The effects of mind-body training on stress reduction, positive affect, and plasma catecholamines. Neuroscience Letters, 479(2), 138-142.

Ramón y Cajal, S. (1911). Histologie du système nerveux de l'homme et des vertébrés (Vol. 2). Maloine.

World Health Organization. (2019). Risk reduction of cognitive decline and dementia: WHO guidelines. World Health Organization.

발효와 건강,
몸과 마음의
치유

강희정

강희정

해맑은 아이들의 꿈을 돌보고 심어주는 늘봄선생이자, 방황하는 청춘들에게는 마음을 치료하는 상담가로, 노년의 아름다운 지혜에는 찬사를 보내며 함께하는 노인대학 강사로 활동 중인 사회복지학 교수이다. 사회복지학 박사 학위를 취득한 후, 학문적으로 채워지지 않는 인간의 삶을 더 풍요롭게 만드는 힘을 '자연'과 '음식'에서 찾았다. 느림의 미학이 돋보이는 자연이 주는 선물 '꽃차'와 우리네 깊은 맛이 담긴 '장'을 통해 또 다른 행복을 전하고 있다. 꽃차의 향기로 마음을 달래고, 장독대에서 느리게 익어가는 발효의 진실한 마음을 이웃과 함께 나누기를 기원한다. 자연을 닮은 삶, 서로를 따뜻하게 바라보는 삶을 살아 나가기를 바라는 작가의 마음으로 담았다.

부뚜막과 장독의 추억

어릴 적 기억 속에서 가장 따뜻한 풍경 가운데 하나는 외할머니댁 부뚜막이었다. 아궁이에 불이 지펴지면 방 안이 훈훈해졌고, 부뚜막 위에는 언제나 크고 작은 항아리들이 놓여 있었다. 밥솥과 무쇠솥 사이에 자리를 차지한 작은 항아리들 속에는 막장, 식초, 고추장 같은 발효 음식들이 뽀글거리며 익어가고 있었다. 나는 그 항아리 속 거품을 신기하게 바라보곤 했다. 어린 눈에는 마치 작은 생명체가 숨 쉬는 것처럼 보였다. 외할머니는 웃으며 말씀하셨다. "애야, 저것도 다 살아있는 거란다. 시간이 갈수록 맛이 달라지지." 그 말은 단순한 설명이 아니었다.

시간이 흐르며 맛이 깊어진다는 사실은, 우리네 삶도 기다림 속에서 무르익는다는 가르침으로 내 마음에 남아있다. 아궁이 속의 이글거리는 불길에 쇠꼬챙이를 휘저으며, 나이 차이가 크지 않아 반말하며 티격태격 부엌에서 놀던 이모 삼촌들과의 부

뚜막을 둘러싼 그때의 추억은 오늘날까지도 내게 발효의 향기
를 떠올리게 하는 소중한 원형이다.   강희정

1. 식생활과 뇌 건강

식생활과 뇌 인지는 밀접하게 연관되어 있다. 식습관은 뇌 건강과 인지기능에 직접적인 영향을 미친다. 최근의 연구에 따르면, 장 건강이 정신 건강과 밀접한 관련이 있다는 것이 밝혀졌다. 장 건강이 곧 뇌 건강인 것이다. 장은 두 번째 뇌라고 할 수 있는데 장은 몸속에 있는 또 다른 뇌라고 생각하면 된다. 내장감각·운동신경을 통해 장과 뇌를 직접 연결하며 장에서 발생한 신호가 뇌로 전달되고 뇌의 명령이 다시 장으로 전달되는 장과 뇌의 양방향 네트워크인 뇌장축이 있다. 뇌장축은 미주신경·신경전달물질·면역·장내미생물을 통해 서로 신호를 주고받는 신경정보망이라 할 수 있다.

90퍼센트 이상이 장에서 생성되는 세로토닌은 소화 과정에 관여하는데, 미주신경을 통해 뇌와도 신경정보를 주고받으며 기분 상태에도 관여한다. 그러므로 장 건강이 무너지면 우울증으로 이어질 수 있는 것이다. 장내 미생물의 균형이 깨지면 우울 불안 등 정신 건강에도 영향을 미친다.

여기서는 제2의 뇌라고 할 수 있는 장에 편안함을 줄 수 있는 음식으로서 슬로푸드에 관한 이야기를 하려고 한다. 원래 슬로푸드는 Good(맛과 건강에 좋은), Clean(환경을 해치지 않는), Fair(생산자에게 정당한 보상) 등의 원칙에 기반한 음식을 지향하는 글로벌 식문화운동을 말한다. 우리나라 전통음식의 시각에서 보는 슬로푸드는 자연의 시간대로 자연에 순응하며 자란 무공해 먹거리를 의미한다고 말할 수 있다. 우리 전통음식은 인간이 자연을 지배하는 것이 아니라 자연과 조화로운 관계를 중요시하는 전통 조리법을 존중해왔기 때문이다.

무엇보다 주목할 것은 발효와 뇌 건강의 연결이다. 장은 '제2의 뇌'라 불리며, 장내 미생물은 신경전달물질의 균형과 직결된다. 우리 몸 전체 세로토닌의 95%, 면역세포의 70% 이상이 장에 집중되어 있다. 발효음식을 꾸준히 섭취하면 세로토닌과 도파민이 원활히 분비되어 기분이 안정되고, 우울과 불안이 완화된다. 집중력과 기억력 향상에도 긍정적인 영향을 준다.

즉, 발효의 힘은 단순히 몸을 살리는 데 그치지 않고, 마음을 치유하고 삶의 균형을 잡아주는 힘이었다. 옛날부터 우리의 밥상에는 전통 장이 없으면 완성될 수가 없었다. 재료에서부터 알 수 있듯 전통 장류의 특징은 발효식품이다. 이제부터 우리나라를 대표하는 전통 발효식품 김치와 된장에 관한 이야기를 시작한다.

2. 우리 전통음식의 철학

발효는 크게 두 가지로 나눌 수 있는데 '삭다'와 '묵다'로 표현된다. 발효는 단순한 화학 반응이 아니라, 인간과 자연의 깊은 연결을 보여주는 과정이자 현상이다. 우리가 흔히 사용하는 '삭히다'와 '묵히다'라는 용어는 발효의 두 가지 주요 형태를 나타낸다. 이 두 단어는 각각의 독특한 의미와 과정이 있으며, 우리의 음식문화와 삶에 깊이 뿌리내리고 있다.

옛사람들에게 음식은 단순한 끼니의 수단이 아니었다. 흙을 일구고, 씨앗을 뿌리고, 곡식과 채소를 거둔 뒤에도 진짜 먹을 수 있는 밥상이 되기까지는 시간이 필요했다. 그중에서도 가장 깊은 기다림이 담겨있는 과정이 바로 '삭힘'이었다. 삭힘은 썩게 내버려두는 것이 아니라, 발효와 숙성의 시간을 거쳐 새로운 생명을 불어넣는 일이었다.

우리 조상들은 된장을 띄우며, 김치를 묻으며, 젓갈을 담그며 변화를 지켜보았다. 처음에는 날 것 그대로의 재료들이었지만, 시간이 흐르면서 전혀 다른 맛과 향, 그리고 효능을 갖춘 음식으로 바뀌었다. 이 과정을 통해 사람들은 음식이 단지 정해진 모양과 맛만 가진 것이 아니라, 시간에 따라 변하며 더 나아질 수 있다는 사실을 깨달았다. 삭힘을 통해 얻은 지혜는 단순히 '음식의 보존'에만 있지는 않았다. 그것은 기다림의 미학이었고, 인내의 철학이었다. 김장을 마치고 긴 겨울을 버티는 동안 김치는 땅속에서 조용히 숨을 쉬며 익어갔다. 현재 우리가 사용하고 있는 김치냉장고가 대견하게도 그 역할을 대신하고 있는 것이다.

장독대의 메주는 계절의 햇볕과 바람, 비와 눈을 견디며 깊어졌다. 이런 과정을 통해 조상들은 '좋은 것은 쉽게 오지 않는다'

는 삶의 진리를 자연스럽게 배웠다. 또한 삭힘은 공존의 철학을 가르쳐주었다. 곡식, 콩, 채소, 바닷속 생물들이 미생물과 어우러져 새로운 음식으로 태어나듯, 인간도 서로 어울리고 협력할 때 더 큰 힘을 낸다는 깨달음을 주었다.

자연의 속도에 따라서 오랜 시간 묵히고 그 참맛을 느낄 수 있도록 삭히는, 그 식품 발효 과정은 어떠할까? 그 여정을 통해 우리 전통 발효식품과 이와 비슷한 세계 속의 발효식품을 알아보기로 하자.

3. 변형의 미학 '삭힘'

삭히는 행위는 주로 젓갈이나 김치와 같은 발효식품에서 볼 수 있으며, 음식의 맛과 향을 변화시키는 과정이다. 이 과정은 자연의 미생물들이 음식 속의 당분과 단백질을 변환시키면서 이루어진다. 예를 들어, 김치의 경우 배추에 소금과 양념을 넣고 일정 시간 동안 발효시키면, 채소의 아삭함과 함께 깊은 맛이 우러난다. 이 과정에서 유산균이 생성되어 우리의 건강에도 이로운 영향을 미친다. 삭히는 과정은 단순히 맛을 좋게 하는 것에 그치지 않는다. 이는 우리 조상들이 자연을 관찰하고, 그 지혜를 통해 얻은 생존의 기술이기도 하다. 삭히는 음식은 시간이 지남에 따라 그 맛이 더욱 깊어지는데 이는 마치 인생의 경험과도 같다. 시간이 지나면서 우리는 더욱 깊이 있는 맛을 느낄 수 있는 법이다.

삭힌 음식이 오히려 몸을 이롭게 하고, 장수와 건강에 기여한다는 사실은, 사람들에게 자연과 조화하는 삶의 소중함을 일깨워주는 소중한 자연현상이다. 오늘날 우리는 빠름을 추구하는 세상 속에 살고 있다. 그러나 조상들의 더 깊고 풍성한 지혜를 돌아보면, 때로는 기다림 속에서 더 깊고 풍성한 결실이 맺힌다는 사실을 알 수 있다. 삭힌 음식에서 우러나오는 진한 맛처럼, 삶도 시간이 만들어 내는 무게와 향기를 통해 비로소 완성되는 것이다.

4. 시간의 선물 '묵힘'

'묵히다'는 음식이 오랜 시간 동안 자연의 힘에 의해 숙성되는 과정을 의미한다. 이 과정은 대개 장류나 술과 관련이 깊다. 된

                                        강희정

장이나 고추장은 시간이 지날수록 그 맛이 더욱 진해지고 풍미가 복잡해진다. 이는 발효가 진행되는 동안 미생물들이 음식의 성분을 분해하고, 새로운 맛을 생성하기 때문이다. 묵히는 과정은 단순히 맛을 변화시키는 것 이상의 의미를 지닌다. 이는 삶의 여러 측면과 연결되어 있는데 우리가 겪는 많은 일들이 시간이 지나면서 그 의미가 달라지듯, 묵힌 음식도 시간이 지남에 따라 그 본질이 변화한다. 오랜 세월을 견딘 묵은 장은 그 자체로 이야기와 역사를 품고 있다.

5. 발효음식이 지닌 문화성

삭히기와 묵히기는 단순한 음식의 제조 과정을 넘어, 우리의 문화와 전통을 형성하는 중요한 요소다. 한국의 전통 발효식품은 그 지역의 기후와 환경에 따라 다르게 발달해 왔다. 각 지역의 특색 있는 맛과 향은 그 지역 사람들의 삶과 밀접하게 연결되어 있다. 예를 들어, 전라도의 김치는 유독 맛이 있다. 그 이유는 지역적 특성으로 산과 바다 평야로 이루어져 있어 주변에서 신선한 식재료를 쉽게 구할 수 있어서 다양한 재료가 풍부하게 들어가 풍성한 맛을 내기 때문이다. 그러나 경상도의 김치는 상대적으로 짠맛과 매운맛이 강조된다. 대구 지역의 더운 기후로 배추를 오래 절이고 멸치액젓을 듬뿍 사용해 발효를 억제해야 따뜻한 기후를 견딜 수 있기 때문이다. 또한, 발효는 공동체의 유대를 강화하는 역할을 한다. 가족과 이웃이 함께 모여 음식을 만들고, 그 과정을 공유하는 것은 단순한 요리 이상의 의미를 가진다. 이 과정에서 우리는 서로의 이야기를 나누고, 문화적 정체성을 확인하게 된다.

현대 사회에서 발효는 새로운 조명을 받고 있다. 건강과 웰빙에 대한 관심이 높아지면서, 발효식품이 재조명되고 있기 때문이다.

프로바이오틱스와 같은 유산균이 풍부한 발효식품은 면역력 증진과 소화에 도움을 준다고 알려져서 많은 사람들이 일상에서 음식 재료에 필수로 포함하고 있다. 이를 통해 우리는 과거의 지혜를 현대의 삶에 적용할 기회를 얻었다.

발효는 지속 가능한 식문화와도 연결된다. 음식물 쓰레기를 줄이고, 자연의 자원을 효율적으로 사용하는 방법으로 발효가 주목받고 있다. 이는 우리의 생활방식을 변화시키고, 환경을 보

  강희정

호하는 데 기여할 수 있다고 볼 수 있는데 발효음식이 우리 건강에 가장 큰 영향을 미치는 것은 소화 개선을 들 수 있다.

6. 발효음식의 과학

시간 속에서 과학적인 원리가 축적되어 만들어지는 발효식품, 시간과 환경, 그리고 인간의 지혜가 축적되어 우리에게 유익한 식품들로 탄생하는 발효의 미학은 아름답다. 세월에 깃든 맛과 전통, 시간이 지나면서 발효와 숙성의 시간을 거쳐 우리의 식생활을 이루어 내는 것이다.

현대 사회에서 발효는 여러 가지 유익한 영향을 준다. 발효음식은 소화 효소와 유익한 미생물인 프로바이오틱스를 포함하고 있고, 체중 관리에도 긍정적인 영향을 미칠 수 있으며 발효 과정에서 생성되는 여러 화합물은 항산화 효과가 있다. 발효 음식은 신체적인 건강뿐만 아니라 정신적인 안정에도 기여한다. 장내 미생물과 뇌 기능의 연관성에 대한 연구결과도 다양하게 보고되고 있다.

연구에 따르면, 발효 음식 섭취가 감기와 같은 일반적인 질병의 발생률을 줄이는 데 효과적이라는 결과도 있다. 발효는 영양소의 생체이용률을 증가시켜 음식 속의 영양소를 더 쉽게 흡수할 수 있도록 만들어 준다. 예를 들어, 발효 과정에서 비타민 B군과 K2, 아미노산 등이 증가하며, 이러한 영양소는 신체의 여러 기능에 필수적이다. 특히, 발효된 콩 제품인 된장은 단백질의 생체이용률을 높여준다.

발효음식에 포함된 프로바이오틱스는 장내 미생물 균형을 유지하고, 이는 기분과 스트레스 관리에 긍정적인 영향을 미친다. 발효음식을 섭취함으로써 우울증과 불안 증상을 완화하는 데 도움을 줄 수 있다. 발효 과정에서 생성되는 여러 가지 화합물들은 항산화 효과를 가지고 있다. 이는 세포의 노화를 방지하고, 여러 만성질환의 발생 위험을 줄이는 데 기여한다. 항산화 성분은 체내의 활성산소를 제거하여, 심혈관 질환, 당뇨병, 암 등 다양한 질병 예방에 도움을 준다.

발효음식은 체중 관리에도 긍정적인 영향을 미칠 수 있다. 일부 연구에서는 발효 음식이 식욕을 조절하고, 신진대사를 촉진하여 체중 감소에 기여할 수 있다는 결과가 보고되었다. 또한, 발효음식은 포만감을 느끼게 해주어 과식을 방지하는 데 도움을 준다.

발효는 우리의 건강에 여러 가지 긍정적인 영향을 미치는 중요한 과정이다. 소화 개선, 면역력 강화, 영양소 흡수 증가, 정신 건강 증진, 항산화 효과, 체중 관리 등 다양한 측면에서 발효음식은 우리의 삶의 질을 높이는데 기여한다. 따라서, 발효음식을 일상 식단에 적절히 포함하는 것은 건강한 생활을 유지하는 데 큰 도움이 된다.

발효음식은 단순히 맛과 보존을 넘어 인체 건강에 큰 영향을 미친다. 혈관·심장에 좋은 낫토 속 나토키나아제는 혈액순환을 돕고 혈전을 예방한다. 된장 속 이소플라본은 혈관 건강에 이롭다. 뼈 건강에 좋은 치즈와 요구르트는 칼슘과 단백질의 원천으로 골다공증 예방에 도움이 된다. 항산화·항암 효과에 좋은 콩 발효식품은 항산화 성분이 풍부해 세포 손상을 줄인다.

2장

한국의 대표 발효식품을 통찰하다

1. 완전식품 '김치'

대표적인 우리의 전통 식품 김치는 무, 배추, 오이 등의 여러 채소를 소금에 절이고 양념을 버무려 발효시킨 식품이다. 비타민과 무기질의 보고인 채소는 원 상태로 저장하기 어렵다. 그래서 채소를 절여 숙성 과정을 거치는 저장 방법을 사용한다. 배추를 소금에 절이면 단단하던 채소에서 물이 빠져나와 숨이 죽는다. 대부분의 미생물은 배추를 소금에 절일 때 죽게 되고, 염분에 잘 견디는 내염성 세균만이 남는데, 이것이 바로 유산균이다. 유산균은 당류를 분해하여 젖산을 만드는 균으로, 발효

강희정

에 의해 생장하는 균인 김치의 유산균은 채소와 양념이 든 염분의 작용으로 유기산을 만들어 낸다. 이로써 김치가 익었을 때 맛과 향이 나는데 이것을 크게 발효 작용에 의한 것이라 볼 수 있다.

일 년 중 마을에 가장 중요한 행사였던 김장은 겨우내 먹을 저장식품을 만드는 일이었다. 김치는 오래 익힐수록 그 맛이 제대로 발효 숙성된다. 그러면 숙성과 발효의 개념은 무엇일까?

숙성은 시간의 경과에 따른 화학적 물리적 변화를 의미하며 식품 속에 들어있는 효소에 의해 알맞게 분해되어 특유의 풍미를 생성하는 자연적이고 수동적인 현상을 말한다. 발효는 곰팡이 효모 등의 미생물에 의해 능동적으로 유기물이 분해되어, 또 다른 유기물로 변화되는 능동적인 작용을 말한다.

반대로 발효를 최대한 늦추어 빠르게 섭취하는 김치도 있다. 그중 하나가 생절이 김치인 겉절이다. 앞서 말한 김장 김치처럼 발효 과정을 거쳐 오래 두고 먹는 저장식품이 아니라, 짧은 기간 안에 먹어야 하는 김치다. 발효된 김치의 맛과 식감에 익숙하지 않은 외국인들이 샐러드 개념으로 쉽게 접근할 수 있는 김치이기도 하다. 이처럼 김치에는 다양한 종류가 있는데 고춧가루를 적게 쓰는 백김치·동치미부터, 소금만을 사용하는 박김치·가지김치, 생선을 사용하는 함경도의 대구깍두기 등이 있다. 우리나라의 김치는 지방에 따라, 그리고 각 가정에 따라 특색이 다르기에 실로 다양하다.

2. 발효식품의 시작 '메주'

메주를 만드는 첫 단계는 콩을 깨끗하게 씻어 물에 하루나 혹은 12시간 정도 불려주는 과정을 거치고 콩에 물을 2배 정도 넣은 후 4시간 정도 삶은 다음 다시 30분 정도 뜸을 들인 후에 엄지와 검지를 사용해 으깨어 잘 문드러지는지 확인하는 것이다.

처음 메주를 삶아내어 물기를 적당히 제거하고 제대로 삶아졌는지 점검하며 식히는 과정을 거친다. 이 단계에서 바로 만들수 있는 것이 청국장이다. 소쿠리에 담아 담요를 깔고 우리 체온과 비슷한 온도(36.5~40도)를 유지해서 48시간 미생물들의 활동으로 발효 과정을 거치면 우리가 아는 소화와 변비에 좋은 바실러스균 점액질이 끈적하게 올라오는 낫토가 된다 이 상태에서 하루, 이틀 정도 더 발효시켜 짓이겨서 살짝 으깨어 청국장

강희정

전통 메주 만드는 과정

으로 활용하면 된다. 이때, 메주콩을 으깨는 작업이 손으로 콩의 형태가 어느 정도 남아있을 정도로 적당하게 으깨어 주어야 영양소 파괴를 막을 수 있다.

옛 시대에는 여자들이 발로 밟아가며 발에 체중을 실어 살살 밟아서 으깨었다고 한다. 으깬 메주는 된장 메주와 고추장 메주로 나뉘는데 된장 메주는 이 상태 그대로 모양을 만들어 발효 과정을 거치는 것이고 고추장 메주는 불린 멥쌀과 익힌 콩을 함께 시루에 넣고 쪄내어 하루 정도 말린 후 모양을 만들어 건조

해 미세한 가루로 만들어 고추장을 만드는 것이다. 현대의 고추장은 복잡한 과정을 거치지 않고 간편하게 된장용 메주 한 가지로 가루를 만들어 간편하게 사용하기도 한다.

잘 말려 발효된 메주를 솔로 곰팡이를 제거한 후 소금과 물을 잘 섞어 소금이 잘 풀어진 상태에서 메주를 넣고 잡내를 제거하기 위해 숯이나 고추를 넣어 시간이 흘러 숙성이 되면 자연스럽게 간장이 되는데 간장을 덜어내고 남은 메주를 으깨면 이것이 된장이 되는 것이다.

지역마다 된장이나 간장 맛이 다른 것은 묵히는 과정에 지역 특성상 근처에 소나무가 있다면 계절 따라 소나무 진이 바람결에 날리며 함께하기에 솔향이 날 수도 있고 지역에서 나는 물이 철분이 강하다면 물맛으로 향이나 맛의 차이는 여러 가지 영향을 미칠 수 있다. 이러한 이유로 가정마다 장맛이 다르고 장 가르는 날은 년 중 중요한 행사로 큰 일을 치르는 날로 전해져 오고 있다. 삼국사기 기록을 보면 왕비를 맞을 때 보내는 음식으로 된장과 간장이 기록되어 있어 그 시대의 혼수품임을 알 수 있다.

메주가 미생물의 작용으로 잘 숙성이 되면
다시 소금과 물을 더해 오랜 시간 숙성하기
위해 간장을 만든다.

간장을 덜어내고
남은 된장을 으깨어
다시 보관한다.

햇빛을 받기 위해 장독 덮개
를 열어 둔다.

강희정

3. 미생물의 보고 '된장'

그렇다면 된장의 발효와 숙성은 어떻게 이루어질까? 된장의 주원료인 콩은 단백질과 지방질 탄수화물로 구성되어 있다. 된장의 발효는 미생물이 생성하는 효소에 의해 이루어진다. 이는 미생물이 가지고 있는 효소에 의해 콩에 없던 새로운 풍미를 만들어 내는 과정으로 효소의 작용은 콩이 지니고 있는 영양소의 구조를 바꾸어 주는 역할을 한다.

그렇기에 된장에는 원래 콩이 지니고 있지 않았던 깊은 맛과 감칠맛이 생성된다. 또한, 된장의 갈변 작용은 숙성에 의한 변화다. 당과 아미노산의 결합으로 색이 어두워지고 구수한 맛이 강해진다. 이러한 발효와 숙성이라는 과정을 통해 우리 전통 된장의 풍미가 생성되는 것이다.

시간 속에서 과학적인 원리가 축적되어 만들어지는 발효식품, 시간과 환경, 그리고 인간의 지혜가 축적되어 우리에게 유익한 식품들로 탄생하는 발효의 미학은 아름답다. 세월이 깃든 맛과 전통, 발효와 숙성의 시간을 거쳐 우리의 식생활을 이루어 내고 있다.

4. 보리밥과 '막장'의 추억

어느 여행지에서 들렀던 허름한 식당. 수더분한 할머니가 느릿한 몸놀림인데도 익숙한 손놀림으로 음식을 만들어 밥 한 상 쟁반에 챙겨주신 보리밥 정식. 보리밥에 올려진 싱싱한 채소에 강된장만 넣고 비볐는데 그 맛이 얼마나 감질나게 맛있던지! 주인 할머니께 부탁하여 강된장의 원료인 막장까지 얻어온 기억이 아주 오래전 일인데도 생각만 하면 입안에 침이 돌 정도로 기억이 생생하다.

막장은 메줏가루에 밀·멥쌀·보리 등 전분질을 넣고 소금과 고춧가루 또는 고추씨 가루를 혼합하여 속성으로 숙성한 후, 간장을 떠내지 않은 된장을 말한다. 강된장은 막장을 멸치 다시마 육수와 함께 자작하게 끓인 걸쭉한 된장이다. 기호에 맞게 갖은 두부, 채소, 고기를 첨가하기도 한다.

진짜 막장은 콩의 입자 알갱이가 투박하게 씹히기도 하며, 색깔이 진한 갈색 또는 거무스름한 빛을 띤다. 맛은 묵직하고 짭조름하여 나중까지 여운이 남는 깊은 맛이 느껴진다. 국립민속박물관 한국민속대백과사전에 의하면, 막장은 오래 숙성하지 않아도, 메주에 밀, 멥쌀, 보리 등 전분질이 들어가면서 당분이

강희정

분해되어 발효가 빨리 진행되기 때문에 다른 된장에 비해 단맛
이 나는 것이 특징이다.

강원도의 시판 막장 제품을 분석한 연구결과에 따르면, 막
장에는 필수지방산인 리놀레산linoleic acid이 지방산 총량 대비 약
37.7~46.7%가 함유되어 있는 것으로 나타났다. 또한, 아미노태
질소 함량과 유리아미노산 총량이 높은 막장 제품은 물론 항산
화, 항암, 항고혈압 등의 효과를 보이는 막장 제품들의 주요 원
부재료인 메주, 보리, 고추씨 등은 배합비에 따라 함량과 효능
이 조금씩 다르게 나타나기는 하나 항산화·항암·항고혈압에
효과를 보인다는 결과를 보고하고 있다.

이 밖에도 우리에게 친숙한 비빔밥을 한다든지 쌈으로 보리
밥을 막장과 함께 먹으면 감칠맛이 나는 맛과 조화로운 영향을
취할 수 있다. 보리밥의 베타글루칸 같은 식이섬유와 막장의 단
백질이 만나 영양 균형이 좋고, 혈관 건강과 성인병 예방에도
도움을 주는 것으로 알려져 있다.

5. 같은 콩, 다른 맛 '청국장'

청국장은 단백질을 섭취하기 위한 우리 조상들의 지혜가 담겨있는 식품이다. 옛 고구려는 지금의 만주 지방으로, 말이 교통수단이었던 기마민족이 쉽게 단백질을 섭취할 수 없었기 때문에 말안장 밑에 무르지 않게 삶은 콩을 넣고 다니며 단백질을 섭취하기 위해 지니고 다녔다고 전국장戰國醬 설이 전해진다. 말은 항상 움직이며 달리는 동물이기에 콩을 떨어뜨리지 않기 위해서 말안장에 깔고 다녔고, 이로써 말과 사람의 체온에 항상 감싸여 온도가 유지가 되다가 발효되기 좋은 상태에서 청국장이 만들어졌다는 그럴싸한 설명도 뒤따른다. 이러한 청국장의 유래에 관한 전언은 별개로 하더라도 콩을 발효하여 유용한 식량자원으로 활용했던 조상들의 지혜는 현대까지도 그 실체가 전승되고 있는 것은 엄연한 사실이다.

청국장에는 3대 영양소인 단백질, 지방, 탄수화물이 가장 질 좋은 형태로 녹아 있고, 칼슘과 철, 마그네슘을 포함한 각종 미네랄과 비타민이 듬뿍 들어있어 암, 당뇨병, 고혈압 예방, 치매, 간 기능 개선 등 피부노화를 방지하고 내장에 있는 독소를 제거할 뿐 아니라 여러 가지 효능을 가진 자연이 주는 최고의 건강식품이다.

3장
세계의 발효식품을
섭렵하다

한국의 흙은 세계 제일의 약토藥土다. 흙에서 나는 천연 재료인 콩과 산으로부터 나는 물, 바다에서 건지는 소금, 자연을 안겨주는 바람과 햇빛, 사람이 함께하는 넉넉한 시간, 사계절 무엇하나 빠지는 것 없이 모든 것이 조화롭게 인간과 환경이 어우러진 우리나라의 발효식품은 천연 건강식품이면서 몸을 다스려주는 약과 같은 존재이다. 우리 몸을 유지하며 에너지를 발산하는 우리의 발효식품은 선조들의 지혜를 이어받은 전통 문화유산이다. 이러한 전통음식은 한국만의 이야기가 아니다. 세계 어디서나 발효는 삶을 지키는 지혜로 나타났다.

강희정

1. 독일의 사우어크라우트

독일의 사우어크라우트는 독일어로 '사우어Sauer(신맛의) + 크라우트Kraut(양배추)'라는 뜻으로 소금에 절인 양배추를 유산균으로 발효시킨 저장식품이다.

한국의 김치처럼 사우어크라우트에는 유산균이 풍부하며, 식이섬유가 많아 장 건강을 돕고 소화 기능을 개선하는 데 효과적이다. 발효 과정에서 생성되는 비타민 C와 K는 면역력을 높이고 뼈 건강을 유지하는 데 중요한 역할을 한다. 상온에서 2주에서 한 달 안에 완성되지만, 보관 온도나 기간에 따라 맛의 풍미가 달라지므로 한국의 김치 맛처럼 가정마다 맛이 다르다.

비타민 C 함량이 높아 옛날에는 바다를 항해하던 선원들의 괴혈병 예방식으로 사용되었고 고기 위주의 식사에서 속을 편하게 해주는 역할로 매우 중요하게 여기는 발효 음식이다. 긴 겨울을 견디기 위해 양배추를 절여 발효시킨 음식으로 톡 쏘는 맛이 기름진 고기와 어울리며 소화를 돕고, 비타민을 보충해 주었기에 소시지를 즐기는 독일인들이 채소를 섭취하기에 좋은 빠질 수 없는 발효음식이다.

2. 프랑스와 이탈리아의 치즈

프랑스와 이탈리아의 치즈 역시 대표적인 발효식품이다. 프랑스와 이탈리아의 치즈는 그들의 긴 농업의 역사와 함께 해왔다. 드넓은 초원에서 자란 소·양·염소 등 다양한 가축들의 젖은 지역 경제를 이끌어 온 생활필수품이자 문화적 상징이 되었다. 우유가 발효와 숙성을 거쳐 치즈가 되었고, 그 깊은 풍미는 음식 문화를 예술로 끌어올렸다. 유산균이 유당을 젖산으로 바꿔 pH를 낮추고, 우유를 응고시키는 과정에서 젖산발효, 렌넷 등의 효소가 카제인을 분해한다. 치즈 고형분 형성하는 과정에서 효소 작용, 표면 숙성, 내부 발효 또는 브리, 블루치즈 등을 가미해 풍미와 향을 다양화할 수 있다. 곰팡이·효모발효 과정을 통해 고소하고 짭짤하며, 때로는 톡 쏘는 향을 풍기는 치즈가 만들어진다.

발효 치즈는 우유에 젖산균과 곰팡이균 등 유익한 미생물을 넣어 단백질을 응고시키고 숙성 과정을 통해 맛과 향을 깊게 만든 유제품이다. 치즈는 발효의 과정에서 단백질 분해, 유당 감소, 풍미 강화가 일어나며, 이를 통한 단백질 저장 음식으로 시작되었다. 발효 방식에 따라 하드치즈, 소프트치즈, 블루치즈,

워시드린드치즈 등으로 나뉘는데 일부 치즈는 행복 호르몬이라 알려진 셀로토닌을 함유하고 있다는 연구 보고도 있다.

3. 몽골의 아이락

몽골의 아이락Airag 역시 주목할 만하다. 몽골인들은 유목 생활을 하면서 사시사철 일상의 건강 음료로 즐겨 마셨으며, 이는 강한 면역력과 소화력을 유지하는 데 큰 역할을 했다. 유목민들의 고단한 삶에 위안을 해주었던 식품인 아이락은 혹독한 기후 속에서 살아야 했던 몽골인들의 체력과 건강을 지켜주었다. 아이락은 몽골 전통 발효유로 마유(말의 젖) 발효시켜 만든 유산균 전통음료이다. 마유는 다른 가축의 젖과 달리 다양한 종류의 유제품으로 가공하지 않고, 대부분을 발효된 유제품인 아이락으로 만들어 낸다.

아이락에는 장내 환경 개선과 소화에 도움을 주는 유산균, 면역력 강화 피로회복에 필요한 젖산, 혈액순환과 기분 안정에 필요한 천연 알코올, 피부와 신경 건강에 도움이 되는 비타민 B군과 관련한 영양소를 함유한 것으로 알려져 있다.

이 때문에 아이락은 몽골 전통의학에서도 중요한 의약적 가치를 지닌 발효식품으로 활용한다. 전통적으로 아이락은 크호쿠르라는 소가죽 용기로 발효하며, 이 용기는 천연의 생물발효기로써 아이락의 독특한 맛을 형성하는 데 중요한 역할을 한다. 이러한 독특한 발효 기술은 몽골 문화의 중요한 요소로 인정받아 2019년에 유네스코 무형 문화유산으로 등재되었다.

최근에는 아이락에 관한 연구도 활발하여 미생물 다양성, 발효 기술, 건강 효능과 관련하여 괄목할 만한 연구 결과들이 보고되고 있다. 예를 들면 아이락의 프로바이오틱, 항균, 항산화, 항콜레스테롤, 소화 촉진과 면역력 증강, 결핵, 암, 고지혈증 예방 등에 효과가 있다는 연구 결과가 보고되고 있다.

4. 일본의 낫토

일본의 낫토는 우리나라 청국장과 비슷한데 청국장이 되기 전 단계의 끈적한 점액질이 특징이며, 콩 발효식품으로 단백질이 풍부하고 호르몬 균형 유지에 도움을 주는 이소플라본과 장 기능을 바로 잡는 레시틴 등 다양한 영양소들을 함유하고 있어

장 건강과 혈액순환을 도와 미소 된장과 함께 다이어트 음식으로 우리 가까이에 있고 일본인의 장수 비결로도 꼽힌다.

낫토는 대두를 원료로 낫토균(건초균)에 의해 발효시킨 식품이다. 전통적인 제조법은 대두를 충분히 쪄서 식힌 후, 볏짚으로 싸서 적절한 환경에서 하루 정도 발효시키면 천연 낫토균이 번식하여 낫토가 만들어진다. 현재는 배양한 낫토균을 사용하여 만드는 경우가 많다. 일본에서는 예로부터 일상적으로 먹어 온 전통식품이지만, 끈적끈적한 식감과 독특한 강한 향을 지녀 일본인 중에서도 호불호가 갈린다. 특히 바다에 근접한 서일본에는 낫토를 싫어하는 사람이 비교적 많다. 과거에는 생선이나 채소 등을 대체하는 영양원으로 낫토가 먹혔으나, 서일본 지역에서는 생선을 쉽게 구할 수 있었기 때문에 낫토를 먹는 습관이 자리 잡지 못한 역사적 배경이 있다.

낫토의 발상은 우리나라의 통일신라 시대와 비슷한 헤이안 시대(794년~1185년) 말기로 올라간다, 무장 미나모토노 요시이에 源義家가 동북지방을 원정하던 중 삶은 콩을 짚으로 싸서 보관했는데, 자연 발효되어 실을 뽑는 것처럼 되었다고 전해진다. 병사들이 실제로 먹어보니 맛도 좋고 식량이 되어, 차츰차츰 농민들에게도 전해졌다고 한다. 이를 보면 낫토의 요소로 삶은 콩과 짚 그리고 온도가 관련되어 있으며, 우연히 만들어진 것이 계승되어 내려오면서 일본 고유의 낫토로 발전하여 현재에 이르렀다고 할 수 있다.

낫토의 섭취로 기대할 수 있는 효과로는 영양 균형이 뛰어나고 건강효과가 높은 식품으로 알려져 있다. 주요 영양소로는 양질의 단백질, 비타민 K2, 비타민 B군, 칼슘, 낫토키나제 등이 포함되어 있으며, 한 번에 다양한 에너지를 섭취할 수 있는 것이 특징이다. 낫토키나제는 낫토의 끈적끈적한 부분에 포함된 단백질 분해 효소로 혈전용해작용을 한다는 최근의 연구결과가 보고되었다. 이러한 영양소들은 뼈 건강 유지, 혈전예방, 장내환경개선, 피로회복 등의 효과를 기대할 수 있다. 가열하지 않고 생으로 먹는 것이 낫토의 영양을 효율적으로 섭취할 수 있다.

5. 동남아시아의 피쉬 소스

동남아시아의 피쉬 소스는 생선을 소금에 절여 장시간 발효시켜 만드는데 강렬한 발효의 향이 우리나라 멸치액젓과 비슷

강희정

하나 감칠맛이 더 강하고 짠 기가 강하면서도 단맛이 나는 것이 특징이다.

피쉬 소스는 생선을 발효시켜 만든 소스 중 하나로, 주로 동남아시아에서 요리에 사용한다. 생선으로 만들어지지만, 그 향과 맛은 매우 독특하여 요리에 깊은 풍미를 더해주는 재료이다. 피쉬 소스는 특히 베트남 요리와 태국 요리에서 많이 사용되며, 독특한 풍미가 특징이다. 피쉬 소스는 일반적으로 다음과 같은 과정으로 만들어진다. 먼저 멸치나 새우 등 작은 생선을 소금과 섞어 발효시킨다. 이를 통해 생선이 가진 감칠맛 성분이 추출되어 진한 육수가 만들어진다. 발효는 몇 개월에서 수년 동안 지속되기도 한다. 발효 과정에서 생선은 소금과 함께 감칠맛을 내주고, 소금은 발효를 돕고 보존성을 높인다.

피쉬 소스는 요오드iodine 등의 필수 미네랄을 함유하여 갑상선 기능의 향상을 돕는다. 또한, 강렬한 발효의 향이 음식 전체의 감칠맛을 끌어올려 주기 때문에 다양한 요리에 조미료로 사용되고 있다. 샐러드드레싱, 볶음 요리, 수프 등 폭넓은 요리에 활용한다. 사용할 때의 포인트는 조금씩 넣어가며 자신의 입맛에 맞게 조절하며 요리하는 것이다.

6. 중남미의 카카오

우리가 먹는 초콜릿의 원료인 카카오는 아주 전형적인 발효 식품이다. 흔히 초콜릿을 가공식품으로만 생각하기 쉽지만, 카카오 열매가 맛있는 초콜릿으로 변하기 위해 가장 먼저 거쳐야 하는 핵심 과정이 바로 '발효'이다.

카카오는 중남미 열대 지역이 원산지로, 초콜릿이나 코코아의 원료로 널리 재배된다. 베네수엘라산 크리오요criollo 카카오 콩은 견과류 같은 고소한 향이 특징이며, 신맛, 떫은맛, 쓴맛의 균형이 좋고 잡맛이 적다고 평가받는다. 카카오 콩은 수확 후 과육(펄프)과 함께 발효시킨다. 이 펄프에는 수분과 당분이 풍부하게 함유되어 있어 미생물이 증식하기에 최적의 환경을 제공한다. 이처럼 카카오 콩의 발효는 초콜릿의 풍미를 결정하는 중요한 공정이며, 이 발효 과정을 거쳐 달콤한 맛이 우리 입에 닿는다.

카카오 발효에는 주로 두 단계가 있다. 카카오 열매(포드)를 쪼개면 하얀 과육에 쌓인 씨앗들이 나온다. 이 씨앗이 바로 카카오 콩bean이다. 농부들은 카카오 콩과 과육을 나무 상자에 담고 바나나 잎으로 덮어둔다. 이때 자연 발생한 미생물들이 당분

강희정

을 분해하며 열을 내고 발효가 시작된다. 발효 기간은 보통 5일에서 7일 정도 걸리며, 이 과정에서 온도가 50°C까지 올라가기도 한다.

1차 발효는 알코올 발효이다. 카카오 콩을 나무 상자에 넣고 바나나 잎으로 감싸는 등 공기를 차단하면 효모가 활성화된다. 펄프의 당분을 영양원으로 하여 알코올이 생성된다. 2차 발효는 젖산발효와 초산발효이다. 알코올 발효가 진행되어 공기에 노출되면 젖산균과 초산균이 작용하여 젖산발효와 초산발효가 일어난다. 이 발효 과정에서 카카오 콩의 색이 보라색에서 진한 갈색으로 변한다.

카카오를 발효시키지 않고 그대로 말려서 먹는다면 어떤 맛일까? 만약 그런 상태라면 우리가 아는 '초콜릿 맛'은 전혀 나지 않는다. 발효되지 않은 카카오는 지독하게 쓰고 떫은맛만 난다. 향은 발효 과정을 통해서야 초콜릿 특유의 복합적인 향기 성분이 생성된다. 성분은 발효 중 발생하는 열과 산의 성분이 콩 내부의 세포 구조를 변화시켜 쓴맛을 줄이고 풍미를 가두게 된다. 이러한 기나긴 발효의 여정을 거쳐서 카카오는 쓴맛이 줄고 풍미가 살아나서 그 지방 특유의 신맛, 단맛, 쓴맛이 올라오며 조

화로운 맛을 낸다. 우리 모두의 입맛을 사로잡는 맛있는 초콜릿
이 탄생하는 것이다.

강희정

4장

발효로 건강한 QOL을 설계하다

발효의 모습은 지역과 문화의 특성에 따라 다르지만, 그 속에는 공통의 지혜가 있다. 모두 시간을 재료로 삼아 새로운 생명과 맛을 창조하는 법을 터득했다는 점이다. 발효식품은 오랜 전통 속에서 만들어졌지만, 현대인의 건강에도 필수적인 요소다. 가공식품이 늘어나고 식생활이 서구화되면서 장 건강이 무너지는 사례가 많아지고 있다. 장 건강이 나빠지면 면역력이 떨어지고 각종 염증 질환의 발생 가능성이 높아진다. 이를 예방하기 위해서는 발효식품을 꾸준히 섭취하는 것이 중요하다.

특히 항생제 사용이 증가하면서 장내 유익균이 감소하는 문제가 발생하고 있다. 발효식품은 자연적으로 유익균을 공급해 장내 균형을 맞춰주며, 소화 기능을 개선하고 면역력을 높이는 역할을 한다. 발효 과정에서 생성되는 유기산과 항산화 물질은 염증을 줄이고 노화를 방지하는 데 도움을 준다. 현대인들이 스트레스와 환경오염으로 인해 쉽게 피로를 느끼고 면역력이 저하되는 상황에서, 발효식품은 건강을 지키는 중요한 열쇠가 될 수 있다.

1. 한국의 발효식품, 세계로 번지는 향기

오늘날 한국의 발효식품은 세계인의 관심을 끌고 있다. 김치는 면역력 강화와 다이어트 효과로 '세계 5대 건강식품'에 꼽혔고, 된장과 고추장은 웰빙 소스로 주목받는다. 해외 마트에 김치가 진열되고, 한식당에서 된장소스 스테이크나 김치 피자가 등장하는 모습은 이제 낯설지 않다.

이는 단순히 식품을 수출한다는 의미를 넘어선다. 한국의 발효식품은 기다림의 철학, 조화의 지혜, 몸과 마음을 살리는 가치를 함께 전하고 있다. 구수한 된장찌개 한 그릇, 아삭한 김치 한 젓가락에는 한국인의 정서와 손맛이 세계로 열릴 가능성을 담고 있다.

된장국을 바라보며 문득 사람의 마음도 세월이 지나며 유해지듯이, 발효 과정을 거치면서 미생물이 이로운 작용을 하듯이, 삶의 지혜도 쌓이고 쌓여가면서 부드러워지는 건 아닐까? 된장과 감치 같은 우리 전통의 발효식품은 단순히 먹거리로서의 음식만이 아니라 한국인의 정신과 문화적 가치를 담아왔다. 메주를 띄우며 기다리는 시간, 장독에 온 마음을 담은 햇볕과 바람, 눈과 비를 함께 맞으며 묵혀온 장맛은 삶의 품격이었고, 이웃과 함께 정을 나누고 멀리 흩어져 있는 가족들이 한자리에 모여 웃음꽃을 피우며 소통의 장으로 맺어주는 매개체였다. 된장찌개 한 그릇은 가족을 함께 모이게 하는 힘이었고, 막장은 쌈밥과 함께 농사일의 피로를 달래주었으며 김치는 일상의 싱싱함을 되살려주는 활력소였다.

외할머니 부뚜막에 놓여 있던 작은 항아리 속 된장, 뽀글거리며 익어가던 항아리 속 김치, 여기에서 퍼져 나오는 발효의 향기는 사람을 살리고 생동감을 불러일으키는 시간의 선물이다. 한국의 발효식품은 그 선물을 세계와 나누며, 인류의 건강을 챙기고 문화의 다리를 이어가고 있다.

김병목 외(2015). 강원도 시판 막장제품의 이화학적 품질특성 및 생리활성 조사, 增補山林經濟, 한국식품영양과학회지, 44-6.

박완수, 신동화, 안병학, 최정호(2010). 우리 전통발효식품의 상품화와 세계화 전략(농림수산식품기술기획평가원 개원 1주년 기념 심포지엄), 농림수산식품기술기획평가원.

변혜반·전승일(2021). 우리마을 장독대, 선혜전통발효식품협동조합.

신동화(2016). 발효식품의 과학과 문화, 지구문화사.

안현필(2019). 삼위일체 건강법, 도서출판 썰물과밀물.

전승일(2019). 우리학교 장독대, 꿈의서재.

YTN(2019). 다큐S프라임, 숙성과 발효이야기.

이성우(1995). 한국민족문화대백과사전.

박채린, 세계김치연구소(2021). 한국식생활문화학회지.

Katz, S. M. (2016). Wild Fermentation: The Flavor, Nutrition, and Craft of Live-Culture Foods, Chelsea Green Publishing,

Marco, M. L., et al. (2017). "Health benefits of fermented foods: microbiota and beyond." Current Opinion in Biotechnology,

Narangerel Mijid, Batchimeg Namshir, Natsag Lkhagva- suren, Woan Sub Kim. (2025). The Development and Future of the Dairy Industry in Mongolia: Focusing on Traditional Specialty Products, Journal of Dairy Science and Biotechnology, Volume 43, 1-15.

William H. Lee,(2020). The Probiotic Mind: How Fermented Foods Shape Our Brain and Health, HarperCollins,

강희정

젊은 뇌를 위한 위한 변화의 씨앗

이 영

이영

뇌교육 석사 및 뇌교육 박사수료 후, 현재 미국 캐롤라인대학교 뇌인지융합학과에서 연구를 이어가고 있다. 뇌 기반 건강·교육 분야의 전문가로서 뇌의 기능과 회복 메커니즘을 삶의 현장에 적용하는 연구와 실천에 매진하고 있다.

'젊은뇌&행복연구소'를 중심으로 뇌파 분석과 심신 훈련, 신체 움직임 기반의 인지 활성화, 생활 습관 개선을 통합한 '브레인 코칭 프로그램'을 개발·운영하고 있다. 다양한 연령층을 대상으로 강의와 훈련을 진행하고 있으며, 특히 중·장년층의 몸과 마음 회복을 도와 건강한 인생 2막을 설계하는 데 힘을 쏟고 있다.

2023년부터는 창의 장난감 만들기와 뇌체조를 결합한 프로그램을 학교, 공공기관 등에서 '움직임과 배움이 연결되는 교육'을 실천하고 있다. 인덕대학교 늘봄학교 콘텐츠 개발에 참여하여 뇌체조 분야를 담당하였으며, 뇌와 신체, 정서를 아우르는 통합적 건강 회복 전략을 제시하고 뇌교육 전문가 양성에도 힘쓰고 있다.

1장
통증,
그리고 운동-회복-뇌교육

1. 나를 다시 일으킨 힘

내 인생을 뒤흔든 교통사고

지금으로부터 30년 전, 한순간에 내 삶을 고통으로 바꿔놓은 사고가 일어났다. 둘째 아이 출산을 앞둔 어느 일요일 저녁, 우리 가족은 일산 형님 댁에서 차를 타고 집으로 돌아가던 중이었다. 한 살배기 딸과 나는 뒷자리에 앉아 있었고, 남편과 이야기를 나누며 신호를 기다리고 있었다.

그 순간 갑자기 뒤에서 '꽝'하는 폭발음 같은 충격이 밀려왔고, 나의 목이 꺾이는 것을 느꼈다. 드라마에서 나오는 사고 장면처럼, 시간이 느리게 흐르는 것 같았고, '이대로 죽는구나'하는 생각이 스쳤다. 시간이 얼마나 흘렀을까. 정신이 들었을 땐 119구조대가 찌그러진 차의 뒷문을 절단하고 있었다. 딸아이의 울음소리와 사이렌 소리가 뒤섞이며, 주변은 혼란으로 가득했다.

우리는 구급차에 실려 병원으로 이송되었다. 하지만, 일요일 저녁이어서인지 의료진이 자리에 없었다. 너무 놀라고 황망한 상태에서 나의 신경은 온통 뱃속 아기에게 쏠려있었다. 그때의 놀람과 초조함은 지금도 또렷하게 남아있다. 오랜 기다림 끝에 뱃속 아기는 양수 덕분에 무사하다는 진단을 받았다, 불행인지 다행인지 우리 가족 모두 겉으로 드러난 외상이 없었기에 별다른 검사나 치료 없이 집으로 돌아왔다.

사고 가해자는 부모님 차를 몰래 끌고 나온 무보험의 20대 초반 청년이었다. 상황이 이렇다 보니 사고 처리가 쉽지 않았고, 남편은 한동안 그 문제를 해결하기 위해 매달려 있어야 했다. 지금 생각하면 당장 병원에 입원해 정밀 검사부터 받아야 할 큰 사고였다. 우리는 갑작스러운 충격에 혼이 나간 상태에서도 오로지 뱃속 아기의 안전만을 생각하느라 그럴 경황이 없었

 이영

다. 지금도 그날의 기억은 조각난 영상처럼 머릿속에 새겨져 있
다. 그렇게 몸과 마음을 추스를 새도 없이, 나는 출산을 위해 광
주로 내려갈 채비를 하느라 분주한 일주일을 보냈다.

몸을 지배한 통증

큰 사고였음에도 뱃속 아기가 무사하다는 사실에 안도하며,
일주일 뒤 예정된 제왕절개로 아들을 출산했다. 하지만, 수술
후 마취에서 깨어난 순간, 몸이 사선 방향으로 두 동강이 나는
듯한 이상한 통증이 나를 덮쳤다. 그것은 수술 부위의 통증이
아니었다. 난생처음 겪는 정체 모를 통증으로 몸을 움직일 수가
없었다. 무언가 크게 잘못되었음을 직감했지만, 그 통증의 원인
이 교통사고 때문일 거라곤 꿈에도 생각하지 못했다. 외상이 없
었기에 치료를 받지 않았는데, 그 사고가 내 삶에 엄청난 결과
로 이어질 줄은 상상도 못 했다.

출산 후 시간이 흐를수록 통증의 범위는 더 넓어졌다. 처음
에는 그저 출산 후유증으로 생각하고 그냥 참고 버텼다. 하지
만, 통증은 목, 어깨를 지나 팔과 손끝까지 이어져 젓가락질조
차 하기 힘들었다. 등에서는 지렁이 수십 마리가 꾸물꾸물 기

어다니는 듯한 불쾌감이 나를 괴롭혔고, 목은 제대로 움직일 수 없는 날들이 이어졌다.

결국, 목디스크 진단을 받았고, 나의 일상은 통증에 잠식되어 갔다. 어떤 날은 아침에 눈을 떴을 때 몸을 전혀 움직일 수 없어 119 들것에 실려 응급실로 옮겨지기도 했다. 목 보호대를 착용하고 생활해야 했고, 내가 할 수 있는 일은 물리치료실을 드나드는 것뿐이었다.

통증이 계속되는 상황에서도 육아와 집안일을 해내야 했다. 남편은 직장 일로 바빴고, 연고 없는 낯선 도시에서 나를 도와줄 손길은 어디에도 없었다. 밤마다 통증이 잠을 깨워 깊은 잠은 내게 없었다. 아픈 몸으로 어린아이 둘을 돌보다 보니 식사도 불규칙해졌고, 결국 심한 위장병까지 생겼다. 그렇게 통증과 외로운 싸움 속에서 마음은 한없이 나약해졌다. 매일 같이 병원과 한의원을 드나들며 치료를 받아도 상황은 크게 나아지지 않았다. 그렇게 통증을 벗 삼아 버틴 10여 년. 그 외롭고 힘들었던 시간을 어찌 말로 다 할 수 있을까. 고통은 철저히 혼자만의 몫이었고, 나는 그 긴 터널 속에 갇혀 있었다.

변화의 시작

아이들은 한창 엄마 품이 필요할 나이였지만, 나는 아이들을 마음껏 안아주지도 업어주지도 못했다. 목과 팔, 등까지 이어지는 통증 탓에 어린 남매의 응석을 받아주기에 내 몸은 너무나 힘들었다.

나는 하루를 견디기 위해 모든 에너지를 소진해야만 했다. 통증은 단순한 증상이 아니라, 삶 전체를 잠식하는 그림자처럼 따라다녔다. 지금도 그때를 떠올리면, 무엇보다도 아이들에게 미안한 마음에 가슴이 먹먹해진다.

그런 상황 속에서도 작은 아이가 돌이 지나자, 나는 다시 일을 시작했다. 울며 매달리는 아이들을 어린이집에 맡기고 돌아서는 마음은 무거웠지만, 이상하게도 옷을 갖춰 입고 밖으로 나서면 숨이 쉬어지고 통증도 줄어드는 것 같았다. 일하는 시간만큼은 잠깐씩 통증을 잊고 그 순간에서 벗어날 수 있었다. 그때 나에게 일은 단순한 돈벌이가 아니었다. 사람으로서 살아있게 만드는 유일한 치료제였다. 일하는 시간은 큰 위안이었고, 삶을 이어갈 수 있게 해주었다.

젊은 나이임에도 매일 매일이 힘들던 어느 날, 새로 이사한 아파트 게시판에서 한 장의 홍보지를 보게 되었다. '저녁 8시 30분 기체조 수업'이라는 홍보였다. 그 무렵 어떻게든 무슨 운동이라도 해야겠다는 간절함으로 방법을 찾고 있던 차였다. 그 홍보지는 내 삶을 다시 시작하게 한 손짓이었다. 저녁 8시 30분이면 아이들의 저녁을 챙긴 뒤여서 적절한 시간대였고, 좋은 기회로 여겨졌다. 일주일에 세 번, 장소는 아파트 관리소 건물 지하였다.

추위가 아직 채 가시지 않은 3월 초, 나는 지친 몸을 겨우 이끌고 수련장으로 향했다. 꿉꿉한 냄새가 나는 지하의 아담한 공간에서 몇몇 주민들과 함께 기체조를 시작했다. 처음에는 강사의 동작을 따라 하는 것조차 버거웠다. 몸은 무겁고, 동작 하나하나가 고통스럽게 다가왔다.

그런데 한 시간 수업이 끝나고 집에 돌아오는 걸음에서 무언가 미세한 느낌이 있었다. '이 느낌은 뭐지?' 그 묘한 이끌림에 수련장에 계속 갔다. 동작을 반복할수록 통증 속에 갇혀 있던 내 몸이 아주 작은 반응을 보내왔다. 시간이 흐를수록 나의 내면에 잠들어 있던 도전성과 생명력이 조심스럽게 꿈틀거리기 시작했다. 나는 한번 마음먹으면 끝까지 해내는 성격답게 일주일에 세 번, 꼬박꼬박 지하 수련장으로 향했다. 그렇게 힘겨웠

 이영

던 그 한 걸음, 그 작은 몸짓이 내 인생을 바꾸는 시작이 될 줄은 미처 몰랐다.

2. 몸이 바뀌다

통증이 사라지기 시작했다

기체조 수련을 시작했을 무렵에도 나의 현실은 여전히 침대와 가장 가깝게 지내는 생활이었다. 몸은 쉽게 지쳤고, 틈만 나면 누워 있어야 했다. 처음엔 경추의 통증으로 시작된 고통은 시간이 흐르면서 점차 위장병, 빈혈, 고관절 통증, 허리 통증, 심한 어지럼증, 하지정맥류까지 온몸으로 퍼져 나갔다. 그런 상황 속에서 좀비 같은 발걸음으로 꼬박꼬박 수련장으로 향했던 것은 살기 위한 몸부림이었을 것이다.

절박한 마음으로 반복한 움직임이 1년쯤 되었을 때, 뭔지 모르게 몸이 가벼워지는 것을 느꼈다. 나는 좀 더 본격적인 수련을 위해 강사님의 권유로 기체조 수련센터에 등록했다. 주 5일의 수련 강도는 지금까지보다 훨씬 높았다. 다양한 동작으로 굳어있던 몸을 깨우는 과정은 고통 그 자체였다. 목과 어깨, 손목, 허리, 고관절에서 올라오는 통증으로 눈물이 날 지경이었다.

나중에야 알게 되었지만, 내가 눈물을 삼키며 했던 그 동작들은 단순히 몸을 움직이는 체조가 아니었다. '동작과 호흡, 그리고 의식' 3박자에 집중하며 흔들고, 두드리고, 비틀고, 돌리고, 용을 쓰는 과정은 굳은 근육과 관절을 깨우고 막힌 기혈의 통로를 여는 작업이었다.

그중에서도 나에게 가장 극적인 변화를 가져다준 동작은 '행공行功'*이었다. 행공 중에서도 누워서 팔과 다리를 든 채 버티는 '와공연단臥功鍊丹'은 나에게 가장 고통스러운 동작이었다. 와공연단 자세는 보기에는 단순해 보이지만, 그 자세로 오래 버티다 보면 허리와 어깨, 손목, 고관절에서 끊어질 듯한 통증이 밀려왔다. 약한 몸으로 팔과 다리를 고정한 채로 들고 있는 시간은 끝이 보이지 않을 만큼 길게 느껴졌다. 이상하게도 이것만이 살길이라는 절박함에, 나는 그 동작을 멈출 수 없었다.

그러던 어느 날, 믿기 어려운 작은 변화가 찾아왔다. 바닥에

---

* 행공(行功) : 일정한 동작을 취한 상태에서 단전 호흡을 하는 것이다. 자세는 여러 가지가 있으며, 자세에 따라 효과도 약간씩 차이가 있다. 행공의 종류는 크게 와공(臥功), 좌공(坐功), 입공(立功)으로 구분한다. 와공은 누워서, 좌공은 앉아서, 입공은 서서 하는 동작을 취한다. (출처: 이승헌. 증상별 단학 도인 체조Ⅰ.)

이영

서 전혀 들리지 않던 머리가 아주 조금, 정말 아주 조금 들리기 시작한 것이다. 그 순간 내 안에서 뜨거운 무엇인가가 울컥 올라왔다. '아, 내 몸이 응답하고 있구나'라는 희망이 보였다. 이후로 조금씩 나아지는 몸의 변화를 느끼면서 악착같이 수련 시간을 지켰다. 성실한 노력 끝에 10년을 지배했던 통증은 조금씩 줄어들었고, 몸은 완전히 다른 존재로 변화하고 있었다.

몸의 변화

그렇게 수련한 지 3년이라는 시간이 흘렀을 때, 어느 날 문득 알아차렸다. 내가 더 이상 병원을 찾지 않고 있다는 것을. 10년 넘게 나를 옥죄던 통증은 더 이상 내 삶을 지배하지 않게 된 것이다.

당시 수련실 벽에는 '출석이 정성이다'라는 현수막 하나가 걸려 있었다. 그 문구처럼 매일 매일 포기하지 않고 열심히 출석한 그 정성이 마침내 내 몸을 새롭게 만들었다는 것을 시간이 좀 더 흐른 뒤에야 알게 되었다.

꾸준한 수련의 결과는 내 몸 여기저기를 달라지게 했다. 통증으로 그늘졌던 표정이 밝아지고, 힘이 없던 배에는 탄탄한 복근이 자리 잡았다. 신기하게도 식사량은 절반으로 줄었는데, 에너지는 오히려 더 넘쳐나서 움직이는 것이 더 이상 두렵지 않았다. 하루를 간신히 '버텨내던' 고단한 삶에서, 자연스럽고 가볍게 '살아지는' 삶의 느낌이었다.

경추에서 시작된 통증이 사라지자, 고개를 좌우로 돌리기가 자유로워졌고, 팔을 타고 손끝까지 저리던 증상도 어느새 사라졌다. 무엇보다 등에서 느껴지던 꾸물꾸물한 불쾌감이 씻은 듯이 사라졌다. 한때는 오른쪽 고관절 통증이 너무 심해 운전 중 브레이크를 밟는 것조차 힘들었다. 고통이 심할 땐 차에서 뛰어내리고 싶다는 충동을 느낀 적도 많았다. 이제는 괴롭던 고관절과 허리 통증도 언제 그랬냐는 듯이 사그라들었다.

골반의 불균형으로 치마를 입고 움직이다 보면 옷매무새가 자꾸 한쪽으로 돌아가곤 했는데, 골반의 균형이 잡히면서 그런 불편도 없어졌다. 몸의 균형이 바로 서자 속도 편안해졌다. 음식이 조금만 맞지 않아도 탈 나기 일쑤이던 예민한 장은 튼튼해졌고 더는 배탈이나 변비에 시달리지 않게 되었다.

어느 날 아침, 나는 잠에서 깼을 때 눈을 번쩍 뜨면서 '잠이 정말 보약이구나!'라고 읊조렸다. 사고 이후 한 번도 느껴보지 못했던 숙면의 축복이었다. 잠자리에 누우면 곧바로 깊은 잠에 빠져들고, 아침이면 가볍고 상쾌하게 눈을 떴다. 통증은 떠나고 몸은 가벼워지고 활력이 넘치며 나의 삶은 하루하루가 다르게 변해 갔다.

3. 마음도 일어섰다

몸이 나으니, 마음도 나았다

몸의 회복은 마음도 일으켜 세웠다. 예전에 나는 늘 무기력했고, 작은 스트레스에도 쉽게 흔들렸다. 밤에는 좀처럼 잠을 이루지 못했고, 마음은 늘 긴장 속에 머물렀다. 그러다 보니 사람들과의 관계가 버겁게 느껴질 때가 많았다. 하지만 꾸준한 수련으로 몸이 단련되자 스트레스를 견디는 힘이 생겼고, 무엇보다 내 감정을 스스로 다루는 능력도 얻게 되었다.

한때 성당을 다니던 시절, 미사 중에 가슴을 치며 '내 탓이오, 내 탓이오!'라고 하는 기도가 있었다. 그 기도가 무슨 의미인지 와닿지도 않은 채 형식적으로 따라 하곤 했었다. '무엇이 내 탓이란 말인가, 다 내 잘못이라는 말인가' 답답하고 어색하기만

했다.

그런데, 몸이 바뀌고 마음이 단단해져 가던 어느 날, 문득 '내 탓이오!'가 갑자기 떠올랐다. 그 순간 '아! 모든 일은 결국 내 안에서 일어나고 내가 만드는 감정이구나'라는 의미임을 깨달았다. 일방적으로 참으며 자신의 탓으로 돌린다는 뜻이 아니라는 것을 알아차렸을 때 희열감이 치솟았다. 그것은 삶을 바라보는 시선을 바꾸는 각성이었다. 상대와의 갈등도 내 안에서, 내 마음이 일으키는 것이었고, 스스로를 피해자로 만들기도 한 것이다. 그 깨달음 이후 인간관계는 전처럼 힘겹지 않았고, 사람을 대하는 마음에도 여유가 생겼다.

4. 일상의 변화

건강한 몸이 만든 새로운 일상

매일 이어온 수련은 내게 단순한 운동을 넘어 생활의 중심이 되었다. 건강해진 삶의 리듬으로 하루의 시작이 한결 거뜬해졌다. 일과 가족을 다 챙길 수 있는 체력이 뒷받침되자, 장거리 운전도 더 이상 두려움이 아니었다. 이는 오랫동안 수련 시간을 지키는 데 진심이었기에 이루어진 결과였다.

이런 진심으로 저녁 모임에는 시간을 내어주지 않는 나를 보며 몇몇 친구들은 '너는 운동 중독이야'라고 했다. 그것은 운동 중독이 아니라 나의 회복을 위한 선택이었고, 나 자신과의 약속이었다.

건강해진 몸은 생활의 범위를 넓혀주었다. 남편의 사업 현장에서 일을 돕고, 직원들의 출퇴근 운전까지 맡으면서도 체력적으로 무리가 없었다. 예전 같았으면 꿈도 못 꾸었을 일이었다. 특히 고관절 통증이 심했던 시절에는 브레이크를 밟는 것조차 고역이었으니 이 얼마나 큰 변화인가? 몸에 활력이 넘치고 마음의 여유가 생기자, 어느 순간 '행복'이란 기분을 느끼며. 나는 자유롭게 움직이는 삶을 살게 되었다.

최고의 선물, '운동습관'

운동은 기분 따라 하는 것이 아니다. 비가 오든, 일이 많든, 아주 특별한 상황이 아니면 나는 수련을 거르지 않았다. 내 몸이 변화되어 가는 것을 직접 경험했기 때문이다. "이게 진짜 사는 거구나"를 느끼며 나는 지금도 꾸준히 운동을 생활화하고 있다. 수련을 꾸준히 하고, 때로는 동네 천변에서 걷거나 달리곤 한다.

수련장에서 배우고 익혀 온 여러 가지 동작을 꾸준히 하다 보니 어느새 주변 사람들에게도 알려주고 지도하는 일까지 하게 되었다. 호흡과 함께 동작하고, 몸의 감각에 의식을 집중하는 순간, 곧 뇌를 깨우는 훈련이 된다. 처음에는 어렵게 느껴지고 잘 안되는 동작들도 자주 반복하면 점차 익숙해지고, 그 과정에서 뇌와 몸이 활성화 된다고 지도하고 있다.

이런 원리를 연구하고 지도하면서 나는 예전 2~30대 때보다 오히려 더 건강하고 활기차게 살고 있다. 갱년기 이후 여기저기 아프다고 호소하는 친구들이 부러워할 정도로 나에게는 '운동 습관'이라는 최고의 선물이 있다.

이영

2장

나를 살린 다섯 가지 변화의 씨앗

돌이켜보니 회복은 어느 날 갑자기 일어난 일이 아니었다. 처음에는 그저 통증에서 벗어나고 싶어 시작한 수련이었지만, 시간이 흐르면서 삶 전체가 달라지고 있었다. 몸이 회복되자 마음이 평온해졌고, 마음이 달라지니 생각이 바뀌었으며, 생각이 바뀌자 일상 또한 달라졌다. 작은 습관의 반복이 만들어 낸 변화의 중심에는 몸·마음·뇌를 건강하게 하는 요소들이 있었다.

몸과 마음, 그리고 뇌를 건강하게 하는 방법은 무수히 많다. 하지만 내 삶에 실제로 영향을 주었고, 또한 누구에게나 필요한 '다섯 가지 씨앗SEEDS'을 소개하고자 한다. 씨앗은 흙 속에서 조용히 뿌리를 내린 뒤에야 비로소 생명의 싹을 틔운다. 건강 또한 수면, 운동, 배움, 식습관, 사회적 관계라는 씨앗이 일상에 깊이 뿌리내릴 때, 장기적인 변화라는 열매를 맺는다.

SEEDS 나를 살린 다섯 가지 씨앗: 수면Sleep, 운동Exercise, 배움Education, 식습관Diet, 사회적 기술Social Skill

1. 수면으로 회복의 문을 열다 (Sleep)

사고 이후 나는 오랫동안 잠들기 어려운 밤을 보냈다. 수면이 부족해지자 감정은 널뛰듯 불안정해졌고, 집중력과 기억력도 눈에 띄게 저하되었다. 불면의 시간을 지나 수련을 시작한 지 2년쯤 되었을 때, 나는 비로소 잠의 소중함을 온몸으로 깨달았다. 몸을 단련하고 마음의 긴장을 푸는 법을 익히자, 아침까지 연결된 깊은 숙면을 할 수 있게 되었다.

잠이 부족할 때 벌어지는 일: 뇌와 몸의 비상사태

수면은 몸과 뇌의 회복을 위한 가장 기본적인 생리 과정이

이영

다. 잠을 자는 동안 뇌는 낮 동안 받은 정보를 정리하고, 손상된 신경회로를 복구하며, 베타아밀로이드와 같은 노폐물을 제거한다. 특히 깊은 비렘수면 단계에서 이러한 회복 작용이 활발하게 일어난다.

반대로 수면 시간이 부족해지면 전전두엽 기능이 저하되고 편도체의 반응성이 증가하여 감정조절이 어려워진다. 또한 코르티솔과 염증성 물질이 증가하면서 신체는 만성적인 스트레스 상태에 놓이게 된다. 이러한 변화는 인지기능 저하로 이어지며, 장기적으로는 치매 위험을 높이는 요인이 될 수 있다.

결국 수면이 부족해지면 '생각'보다 '감정'이 앞서게 되고, 작은 일에도 예민해지며, 집중력과 판단력이 동시에 떨어진다. 이는 뇌와 몸 전반에 연쇄적인 영향을 미치는 시작점이 된다.

수면을 회복하는 핵심 전략

- 낮 동안 10~15분 자연광 받기
- 밤에는 밝은 조명 피하고, 휴대폰 블루라이트 줄이기
- 일정한 수면·기상 시간 유지
- 가벼운 스트레칭, 복식호흡 등으로 자율신경을 안정시키기

2. 움직임이 만드는 뇌의 기적 (Exercise)

내 삶을 바꾼 결정적 힘

사고 이후 찾아온 무기력과 통증 속에서 내 삶을 바꾼 결정적 힘은 운동이었다. 초기에는 작은 움직임조차 힘들었지만, 매일 단전치기를 시작으로 장운동, 모관운동, 발끝치기, 명상과 이완 훈련 등 다양한 동작을 반복하며 몸을 단련했다. 그 시간은 육체적 한계를 넘어 내 안의 부정적인 생각과 감정을 이겨내는 치열한 과정이었다.

이러한 반복은 결국 몸과 마음의 변화를 만들어 냈다. 흐릿했던 기억력과 집중력이 회복되었고, 오랜 시간 나를 괴롭히던 통증도 점차 사라졌다. 결국 매일 포기하지 않고 이어온 작은 움직임이 뇌를 깨우고 삶의 질을 바꾸는 힘이 되었다.

운동이 뇌를 바꾸는 이유

운동은 단순히 체력을 기르는 활동을 넘어, 뇌 기능을 가장 빠르게 변화시키는 직접적인 자극이다. 우리가 몸을 움직일 때,

뇌는 성장과 회복을 향해 스스로를 재구성하기 시작한다.

운동을 하면 뇌 속에서 분비되는 BDNF(뇌유래신경영양인자)라는 물질이 증가한다. 신경세포의 성장과 연결을 돕는 이 물질은 기억을 담당하는 해마의 기능을 보호하고 학습 능력을 향상시키는 '뇌의 천연 영양제' 역할을 한다.

운동이 뇌에 미치는 변화는 다음과 같다.
- 뇌 혈류 증가 → 산소·포도당 공급 향상
- 전전두엽의 활성화 → 판단력·집중력·감정조절 개선
- BDNF 증가 → 신경세포 성장 및 기억력 강화
- 신경가소성 증가 → 뇌 회복 가능성 확대
- 스트레스 감소 및 기분 안정

뇌를 늙게 하는 환경을 바꾸다

뇌 노화는 주로 만성 염증, 대사 스트레스, 혈류 저하에 의해 가속화된다. 이러한 요인들이 지속되면 뇌의 회복력이 감소하고 인지기능 저하가 촉진될 수 있다.

규칙적인 운동은 이러한 위험 요인을 다음과 같이 완화한다.

- 염증성 사이토카인 감소 → 만성 염증 완화
- 지방세포 크기 감소 → 염증 물질 분비 감소
- 인슐린 민감성 향상 → 대사 스트레스 완화
- 심혈관 건강 개선 → 뇌 혈류 안정화
- 산화스트레스 완화 및 호르몬 균형 회복 → 항산화 효과
- 내장 지방 감소로 장내 환경 개선 → '장-뇌'축 안정

운동이 지속될 때 나타나는 뇌의 변화

신체활동이 부족하면 뇌 기능 퇴보로 이어진다. 움직이지 않는 뇌는 서서히 활력을 잃고 수축한다. 반대로 꾸준한 운동은 뇌의 구조 자체를 긍정적으로 변화시킬 수 있다. 뇌는 고정된 기관이 아니라, 자극에 따라 스스로를 바꾸는 '신경 가소성'을 지니고 있기 때문이다.

특히 운동은 기억력을 담당하는 해마의 위축 속도를 늦추고, 지속적인 자극을 통해 감소했던 해마 용적을 다시 회복시키는 효과까지 있는 것으로 보고된다. 이러한 이유로 운동은 뇌 건강을 지키는 가장 기본적이고 중요한 전략으로 강조된다.

운동을 지속하면 다음과 같은 변화가 보고된다.

- 해마 부피 유지 → 기억력 보호
- 베타아밀로이드 축적 감소
- 인지 처리 속도 개선
- 새로운 신경 회로 형성 강화

효과적인 운동 전략, 강도보다 지속성이 중요하다

뇌 건강을 위한 운동에서 가장 중요한 것은 단 한 번의 강도 높은 훈련보다 '지속성과 반복'이다. 뇌는 한 번의 강한 자극보다 짧더라도 규칙적인 움직임에 더 민감하게 반응하고 활성화된다.

특별한 운동이 아니어도 좋다. 중요한 것은 몸을 꾸준히 움직여 뇌에 '깨어있음'의 신호를 보내는 습관이다. 작은 움직임이라도 매일 반복될 때, 우리의 몸과 마음, 그리고 뇌는 서서히 치유를 향한 변화를 시작한다.

생활 속에서 실천할 수 있는 운동 방법은 다음과 같다.

- 하루 30분 걷기 → 안정적인 뇌 혈류 유지

- 약간 숨이 차는 유산소 운동 → BDNF 분비 촉진
- 가벼운 근력 및 관절 운동→ 고유수용감각(몸의 위치 인지) 자극 및 통제력 향상
- 리듬이 있는 전신 운동 → 뇌파 안정 및 세로토닌 분비 촉진

3. 뇌의 선택을 바꾸는 배움 (Education)

나는 몸이 아프면서 정신도 나약해지고, 건망증이 심해졌으며, 어떤 일에 오래 집중하기가 어려운 상태가 되었다. 그런 내가 꾸준한 수련으로 체력이 좋아지면서 많은 일을 할 수 있게 되었다. 꾸준하게 반복된 시간 속에 몸이 회복되자 나에게 일어난 그 '회복 원리'에 대한 질문이 생겼다. '대체 내 몸과 뇌에서는 어떤 일이 벌어진 것일까?' 이 의문은 나를 뇌교육 대학원으로 이끌었고, 배움을 통해 몸-마음-뇌가 하나의 유기적인 시스템임을 이해하게 되었다. 그동안의 경험을 과학적으로 해석할 수 있게 되었고, 무엇보다 '학습과 훈련'이 뇌의 구조와 기능을 실질적으로 바꿀 수 있는 도구라는 점을 알게 되었다.

지금도 나는 평생 배우겠다는 마음으로 학습을 멈추지 않고

있다. 교육은 단순히 정보를 채우는 것이 아니라, 변화를 '의도적으로' 만드는 힘이다. 올바른 교육은 스스로를 관찰하고 감정을 조절하는 메타인지 능력을 키우며, 자기 자신을 재해석하고 미래를 설계하는 힘을 만들어 준다.

배움이 뇌를 젊게 하는 이유

배움은 단순히 '지식을 쌓는 활동' 만은 아니다. 배움은 뇌가 스스로를 다시 설계하도록 돕는 가장 좋은 생활 습관이다. 우리가 새로운 것을 배우는 동안 뇌는 정보를 해석하고 연결하며, 생각의 틀을 넓히고, 감정을 조절하며 미래를 바라보는 방향으로 재구성된다. 이 능력이 바로 '신경 가소성Neuroplasticity'이다.

중요한 사실은, 나이가 들어도 평생 새로운 신경망을 만들 수 있다는 점이다. 배움을 지속할수록 뇌는 더 유연해지고, 더 오래 건강을 유지한다. 반대로, 새로운 자극이 없으면 즉, 배움이 멈춘 상태가 오래 지속되면, 뇌는 부정적 사고와 반추rumination의 기본 활성화 상태로 되돌아가려는 경향을 보인다. 이 상태는 부정적 감정·불안·우울의 기본 토대가 되기 쉽다.

따라서 배움은 단순한 학습이 아니라 감정의 안정, 정신 건강, 치매 예방을 동시에 돕는 뇌 건강의 핵심 전략이다.

학습이 뇌를 바꾸는 방식: 새로운 회로의 탄생

지속적인 학습은 뇌 구조를 변화시키는 과정이기도 하다. 배움이 반복될수록 뇌는 새로운 신경회로를 만들고 기존 회로를 강화하며, 스스로를 재조직한다. 특히, 학습은 치매와 같은 인지기능 저하를 막는 데 중요한 역할을 하는데, 이를 설명하는 개념이 바로 인지 '예비능력Cognitive Reserve'이다.

인지 예비능력이란 뇌에 손상이나 노화가 찾아와도 인지기능을 비교적 잘 유지할 수 있게 해주는 "여분의 능력"을 말한다. 인지 예비능력이 높은 사람은 뇌의 일부 신경세포가 손상되어도 다른 회로를 활용해 기능을 보완하기 때문에 인지기능이 급격히 떨어지지 않는다. 같은 정도의 뇌 손상이 있어도 어떤 사람은 일상생활을 잘 유지하고, 어떤 사람은 빠른 인지기능 저하를 겪는데, 이 차이를 만드는 것이 바로 '인지 예비능력'이다.

인지 예비능력을 증가시키기 위한 활동은 바로 '지금' 시작하는 게 중요하다. 반복적이고 익숙한 작업만 하면 뇌는 더는 성장하지 않는다. 그러나 새로운 개념을 배우거나 낯선 과제에 도전하는 순간, 뇌는 다시 '성장 모드'로 전환한다. 학습을 통한 지적 활동뿐만 아니라 사회적 활동을 통한 사람들과의 교류, 유산소·근력운동, 충분한 수면, 스트레스 관리, 균형 잡힌 영양 섭취는 인지기능 예비능력을 높이는 훌륭한 자원이다.

효과적으로 뇌를 성장시키는 학습 습관
- 짧고 반복적인 학습으로 뇌에 부담 주지 않기
- 새로운 과제나 낯선 분야에 도전하기
- 손을 쓰는 활동과 인지 활동을 함께하기
- 감정적으로 의미 있는 주제를 배우기
- 기록·정리·나눔으로 연결 네트워크 강화하기

4. 뇌는 먹는 대로 작동한다 (Diet)

통증과 피로가 절정이던 시절, 나는 에너지가 떨어지면 쉽게 단 음식을 찾았고, 몸이 지치고 피곤할수록 더 자극적인 음식을 찾았다. 그러나 그렇게 먹고 나면 장은 불편해졌고, 몸은 더 무거워졌으며, 기분도 가라앉았다. 당시엔 몰랐지만, 그것은 단순한 배고픔이 아니라 몸과 뇌가 균형을 잃은 신호였다.

불규칙한 식사와 불균형한 영양 섭취는 심한 위장 장애로 이어졌고, 이는 감정 기복과 에너지 저하, 집중력의 감소를 가져왔다. 운동과 수면으로 몸이 회복되면서 식습관도 자연스럽게 리듬을 찾았다. 장이 편안해지자 기분이 맑아졌고, 그 결과 스트레스에 대한 반응도 줄었다. 이 경험으로 나는 식습관이 얼마나 중요한지 깨달았고, 건강한 장이 건강한 뇌를 만든다는 사실을 체감했다.

식습관이 뇌를 바꾸는 이유

우리가 무엇을 먹는가는 곧 몸의 상태를 만들고, 뇌의 상태를 결정하는 원료를 공급하는 일이다. 우리 몸의 장과 뇌는 '미주신경'으로 연결되어 있고, 실시간으로 긴밀하게 소통한다. 이 연결을 '장-뇌 축Gut-Brain Axis'이라고 한다.

장이 불편해지면 이 신호 체계가 흔들리면서 감정은 쉽게 불안정해지고, 사고의 균형도 무너지기 시작한다. 특히 감정을 조절하는 호르몬인 세로토닌의 약 90%가 뇌가 아닌 장에서 생성된다는 사실은 장 환경이 무너지면 정서적 안정감도 함께 무너

　　　　　　　　　　　　　　　　　이영

지는 이유를 말해준다.

건강한 식습관은 다음과 같은 방식으로 뇌를 안정시킨다.
- 규칙적인 식사는 뇌의 에너지 리듬을 안정시킨다.
- 장이 편안해지면 감정의 기복도 줄어든다.
- 혈당이 안정되면 피로와 불안이 줄어든다.
- 수분, 단백질, 건강한 지방은 뇌 기능의 기본 재료가 된다.
- 장-뇌 측 안정은 전반적인 정신 건강을 향상시킨다.

5. 관계가 뇌를 지킨다 (Social skill)

아픈 몸은 나를 점점 위축시키고 방어적으로 만들었다. 통증에 시달리고, 수면 부족에 늘 피곤한 상태이다 보니 가까운 사람들과의 관계도 버겁게만 느껴졌다. 작은 자극에도 예민하게 반응했고, 쉽게 상처받으면서 방어적으로 변해 갔다. 그 시절의 나는 마음이 열려 있기보다는 웅크리고 있는 사람이었다.

그러나 몸이 회복되고 마음이 조금씩 안정되면서 생각과 감정의 시야가 넓어지기 시작했다. 예전에는 갈등이 생기면 상대방 때문이라고 탓을 하면서 힘들어했었다. 그런데 꾸준한 수련과 호흡, 그리고 명상을 통해 나의 내면을 바라보고 인지하는 훈련을 반복하면서 내 감정을 알아차리는 능력을 키워 나갔다. 내 감정 반응을 객관적으로 알아차리는 '메타인지'가 작동하자 관계에서 오는 피로감이 줄어들었고, 공감과 여유가 자리를 잡았다.

관계가 회복되면 뇌가 다시 살아난다

건강한 관계는 스트레스 반응을 낮추고 뇌의 회복을 가속 시킨다. 인간은 본래 관계 속에서 살아남도록 진화한 사회적 생명체이다. 관계 속에서 감정을 배우고, 조절하고, 회복한다. 그래서 건강한 관계는 뇌에도 직접적인 영향을 준다.

뇌과학 관점에서 보면, 좋은 관계는 기분을 좋게 만드는 수준을 넘어, 뇌가 '안전하다'고 느끼게 한다. 반대로 외로움과 고립은 뇌를 비상경계 상태로 만들어 불안과 우울을 심화시킨다. 안정적인 관계는 스트레스 호르몬인 코르티솔 수치를 낮추고, 정서적 회복을 돕는 옥시토신 분비를 촉진하여 삶을 다시 견디고 나아갈 힘을 준다.

사회적 기술은 뇌 기술이다

결국 사회적 기술은 타인을 다루는 기술이 아니라, 관계 속에서 일어나는 내 감정과 '뇌의 반응'을 다루는 기술이다. 우리의 뇌는 '관계'를 정서의 소통 수단으로 처리한다. 연구에 따르면, 사회적 관계가 좋은 사람들은 전반적으로 뇌 연결성이 더 높다고 한다. 실제로 사회적 인맥이 좋은 사람들은 나이가 들어감에도 불구하고 높은 인지능력을 유지할 수 있다는 연구도 있다.

좋은 관계를 유지하는 일은 상대방의 표정을 살펴야 하고, 그게 무얼 의미하는지를 인지해야 하며, 관계의 맥락과 감정을 기억하고 조율해야 하는 고차원적 인지 활동이다. 따라서 좋은 관계를 맺으려 노력하는 모든 행위는 그 자체로 뇌를 단련하는 훌륭한 훈련이 된다.

관계가 회복을 돕는 이유

- 관계는 뇌에 안전 신호를 보낸다.
- 정서적으로 연결된 상태는 스트레스 반응을 낮춘다.
- 고립의 위험 차단은 인지 저하와 정서적 고갈을 방지한다.
- 공감, 경계 설정, 자기표현은 전전두엽의 기능을 극대화

한다.

- 좋은 관계는 회복을 빠르게 하고 삶의 지속력을 높인다.

 좋은 관계는 회복을 빠르게 하고 삶의 지속력을 높인다. 이영

3장

몸과 마음을 살린
뇌체조

1. 단전치기와 장운동 _ 이음의 의미

나의 체험 | 장이 풀리니 감정도 풀리더라

나는 10년이라는 시간 동안 목디스크와 위장 장애로 고통을
겪었다. 조금만 음식을 잘못 먹어도 탈이 나기 일쑤였다. 기름
진 음식이나 밀가루 음식을 먹으면 어김없이 배를 움켜잡고 화
장실 달려가곤 했다. 이런 상태가 반복되다 보니 몸만 힘든 것
이 아니었다. 잠을 설치니 감정도 쉽게 흔들렸고, 이유 없이 불
안하거나 우울한 감정이 찾아오는 날도 많았다. 돌이켜보면, 그

것은 내 몸의 중심인 '장'이 보내는 절박한 구조 신호였다.

수련을 시작하며 나는 단전치기와 장운동, 배꼽 힐링을 무수히 반복했다. 처음에는 단순한 동작의 반복이라 여겼지만, 시간이 지나면서 정체되어 있던 장이 서서히 풀리고 아랫배에 힘이 생기기 시작했다. 오랫동안 나를 괴롭히던 변비도 서서히 사라졌고, 장이 편안해지면서 마음 또한 안정되는 것을 느꼈다.

배를 두드리고 장을 자극하던 그 지루했던 시간 들이 사실은 내 미주신경을 자극하여 신경계를 안정시키고, 뇌와 감정을 조율하는 과정이었음을 내 몸이 알아차린 것이다. 이후 대학원에서 뇌교육을 공부하며 내가 겪은 변화의 실체를 과학적으로 이해하게 되었다.

지혜와 과학의 만남

장腸은 단순한 소화 기능을 넘어 뇌와 끊임없이 신호를 주고받는 신경 네트워크의 핵심이다. 이를 현대 과학에서는 '장-뇌 축Gut-Brain Axis'이라 부른다. 실제로 장은 뇌를 제외하고 인체에서 가장 많은 신경세포가 모여 있는 곳으로, '제2의 뇌'라고 부르는 별칭이 있다.

 이영

장은 우리의 감정과도 밀접하게 연결되어 있다. 마음을 평온하게 만드는 행복 호르몬인 세로토닌의 대부분이 장에서 생성된다. 세로토닌은 기분을 안정시키고 감정을 조절하는 데 중요한 역할을 하는 신경 전달 물질이며, 수면 리듬을 주관하는 멜라토닌의 원료이기도 하다. 결국 장이 편안해야 우리가 깊은 잠을 자고, 행복감을 느끼게 되는 것이다.

흥미로운 점은 이러한 사실이 아주 오래전 동양의 의서에도 언급되어 있다. 동의보감에는 '장청뇌청腸淸腦淸' 즉 "장이 맑아야 뇌가 맑아진다"는 원리가 기록되어 있다. 이는 장이 편안해지면 마음이 안정되고 생각도 맑아진다는 의미로 현대 과학과 연결되는 부분이다.

우리의 일상 속에도 이 지혜는 있다. 어릴 적 배가 아플 때 엄마가 배를 문질러주시던 '엄마 손은 약손'이라는 마법 같은 경험이 그것이다. 따뜻한 손길로 배를 어루만지는 행위는 물리적으로 장의 긴장을 풀 뿐만 아니라, 장-뇌 축을 통해 뇌에 안전과 사랑의 신호를 전달하여 고통을 잊게 하고 기분을 좋게 만든다. 장을 돌보는 것은 곧 나의 뇌와 마음을 돌보는 시작이라고 할 수 있다.

일상의 실천

배움을 통해 장腸이 감정과 뇌 기능에까지 영향을 미치는 핵심 기관임을 과학적으로 이해하게 되자, 그저 지루하게만 느껴졌던 단전치기와 장운동이 새롭게 다가왔다. 배를 두드리고 장을 움직이는 동작으로 엉킨 신경계를 안정시키고, 뇌와 감정을 조율하는 치유의 과정이었음을 깊이 깨닫게 된 것이다.

이제 나는 이러한 원리를 생활 속에서 자연스럽게 실천하고 있다. 하루를 마무리하고 잠자리에 누우면, 가볍게 배꼽 힐링이나 장운동, 복부 마사지를 한다. 단 2~3분 정도만 복부를 자극해도 긴장되었던 몸이 이완되면서 어느새 깊은 잠에 빠지곤 한다. 잘 자고 일어난 아침이면 몸이 가볍고 마음도 편안하다. 몸의 중심인 장이 편안해지면 마음이 안정되고, 마음이 안정되면 뇌도 함께 맑아진다는 사실을 나는 다시 느낀다.

단전치기

단전치기는 하복부의 에너지 중심인 '단전丹田' 부위를 손바닥으로 부드럽게 또는 강하게 두드리는 심신 건강법이다. 단전은 한의학이나 기공, 도인 체조 등에서 몸의 중심 에너지 저장소로 간주 되며, 이 부위를 자극함으로써 에너지 순환을 촉진하고 신체기능을 회복시킬 수 있다고 여겨진다.

단전치기는 단순히 복부를 두드리는 동작이지만, 그 효과는 깊고 넓다고 할 수 있다. 아랫배와 장을 튼튼하게 하고, 단전을 강화하여 단전에 기운이 모이면 뱃심이 생기고 자신감이 생긴다.

또한, 현대인들이 겪는 소화장애, 변비, 복부 냉증, 감정 정체, 집중력 저하 등은 대부분 복부의 기능 저하와 관련이 있으며, 단전치기는 이 모든 부분에 유익하게 작용한다.

장운동

사람을 제외한 동물들은 변비가 없다. 동물들은 걸을 때 등이 좌우로 굴신 운동을 하는 동시에 복부는 상하로 파동운동을 한다. 이러한 복부 운동으로 장 기능이 활발하기 때문에 변비나 설사가 없고, 완전 소화와 완전 배설에 가까운 생활을 한다.

이에 반해 인간은 두 발로 서서 생활하므로 내장이 아래로 쏠리어 대장과 소장이 점차 탄력을 잃게 되어 중첩되고 굴곡 된다. 그 결과 사람의 장벽에는 많은 주름이 생기고 주름진 장벽에 숙변이 끼어 여러 가지 병을 일으킨다.

　장운동은 말 그대로 장腸을 움직이게 하는 모든 활동을 의미한다. 복부 두드리기, 장호흡, 복부 마사지, 복부 스트레칭 등은 장의 연동운동을 촉진하여 배변 활동을 원활하게 하고, 장내 독소 제거 및 면역력 향상에도 도움을 준다.

◎ 단전치기 동작

- 두 발은 어깨너비로 벌리고 바르게 선다.

- 무릎을 약간 굽혀 몸의 긴장을 푼다.

- 양 손바닥을 배꼽 아래 단전 부위를 향해 놓는다.

- 손바닥으로 배꼽 아래 3~5cm 부위를 리듬감 있게 두드린다.

- 처음에는 약하게 시작하여 점차 강도와 횟수를 늘린다.

- 하루 300~1,000회 정도 반복하면 효과적이다.

- 두드리는 중간에 복식호흡을 함께 하면 효과가 배가된다.

◎ Tip

- 손바닥을 살짝 오므린 채로 너무 아프지 않게 두드린다.

- 무릎은 살짝살짝 반동을 주며 리듬을 타며 두드린다.

- 식사 직후에는 피하고, 공복 혹은 식후 1~2시간 후 시행한다.

- 통증이 느껴지는 부위는 무리하지 않고, 부드럽게 두드린다,

- 꾸준함이 제일, 하루 5분으로 시작해 점차 시간을 늘려간다.

◎ 장운동 동작

- 양손을 아랫배에 올리고 자연스럽게 아랫배를 밀고 당긴다.

- 복부를 부풀렸다가 천천히 끌어당기기를 반복하고, 호흡과 함께

  하면 더 좋다.

- 이때 의식은 아랫배에 두고 장의 움직임과 느낌에 집중하면

  효과가 더 좋다.

- 장운동 도중에 복부 통증이 오면 배를 시계방향으로 쓸어주고

  다시 시작한다.

- 횟수는 처음엔 10회에서 점차 늘려 100회 정도 해준다.

- 동작이 끝나면 배를 시계방향으로 쓸어주거나 복부를 가볍게

  비벼준다.

◎ Tip

- 장운동이 처음이면 서서 해주는 것이 좋다. 기운이 뜨지 않고

  아랫배에 힘을 주기 쉬운 자세이기 때문이다.

현대인의 생활은 스트레스, 불규칙한 식사, 좌식 생활, 운동 부족 등으로 인해 복부 기능이 쉽게 약화 된다. 이로 인해 발생하는 소화불량, 변비, 면역력 저하, 감정 기복, 집중력 저하 등이 나타나며 이는 일상 전반에 큰 영향을 미친다. 특히 장내 독소와 가스가 축적되어 피부트러블, 체취, 만성 피로, 두통, 불면, 뇌 기능 저하로 이어질 수 있다. 따라서 복부를 자극하고 장 기능을 활성화하는 것은 전신의 건강과 뇌 회복의 기초가 된다.

장을 돌보는 것은 단순히 신체 건강을 넘어서 정서적 회복을 위한 중요한 첫걸음이다. 감정이 정체되고 마음이 답답할 때, 배(장)부터 풀어주는 접근이 필요하다. 이렇게 장을 위한 작은 배려가 마음을 위한 큰 위안이 된다. 자신의 감정은 자신의 장을 통해 말하고 있을지도 모른다. 장이 부드럽게 흐를 때, 감정도 더 깊고 부드럽게 흘러가게 될 것이다.

단전치기와 장운동을 지속적으로 하면 다음과 같은 효과가 있다.

- 소화 기능 개선: 장의 연동운동이 활성화되어 변비 해소와 소화 기능이 개선되고, 장내 독소 및 숙변 제거에도 효과적이다.
- 면역력 및 에너지 회복: 단전(하복부)의 열기를 통해 장기 내부가 따뜻해지고, 기혈 순환이 촉진되며, 피로감이 줄어들고 신체 활력을 높인다.
- 감정 해소 및 정신 안정: 장의 긴장이 완화되면, 우울, 불안, 짜증 같은 감정이 정화된다.
- 피부 및 체형 개선: 장이 건강해지면 피부트러블, 여드름, 붓기 등이 완화되며, 복부비만 완화에도 긍정적인 영향을 준다.

2. 뇌파진동 _ 마음과 몸의 조화로운 연결

나의 체험 | 불편했던 도리도리

목디스크로 인해 목 움직임이 불편했던 나로서는 처음 뇌파진동을 접했을 때, 고개를 좌우로 흔드는 동작은 어지러움과 통증을 동반했다. 조금만 움직여도 세상이 빙빙 도는 것 같이 어지럽고 목 주변의 통증으로 동작을 이어가기가 어려웠다. 하지만, 도리도리를 조금씩 천천히 꾸준히 반복하기를 멈추지 않았다. 어느 순간 어지러움이 사라졌고, 뻣뻣하게 굳어있던 목의 움직임도 부드럽고 자연스러워졌다. 무엇보다 도리도리 뇌파진동을 하는 동안 끊임없이 올라오던 잡념이 줄어들고 내면이 평온해짐을 느꼈다. 지금은 음악에 맞춰 격렬한 헤드뱅잉head banging을 즐길 만큼 목의 움직임이 자유로워졌고 뇌파진동을 즐기게 되었다.

뇌파진동

뇌파진동Brain Wave Vibration은 머리와 목, 그리고 몸을 리드미컬하게 움직이는 명상 수련법이다. 뇌파진동은 고개를 좌우로 도리도리하듯 흔드는 단순한 동작이지만, 반복적인 리듬과 호흡, 감각 집중이 결합 되면, 몸과 마음의 긴장을 낮추는 데 도움을 줄 수 있다. 뇌파진동을 통해 뇌의 긴장을 완화하면 장의 긴장도 함께 풀리게 되어 소화 기능과 감정 상태가 개선될 수 있다.

이영

일본 토호대학Toho University의 아리타 히데오Arita Hideo 교수 연구팀은 뇌파진동 수행 시 나타나는 뇌 활동과 심리 상태의 변화를 관찰했다. 연구팀은 참가자들이 약 15분 동안 뇌파진동을 수행했을 때 나타나는 생리적 변화와 심리적 변화를 측정했다.

연구 결과에 따르면, 뇌파진동 수행 중 인지기능과 감정조절을 담당하는 전두엽 영역의 뇌 혈류량이 유의미하게 증가하는 경향이 관찰되었다. 뇌파진동 후에는 마음이 평온할 때 나타나는 알파파가 증가하며, 대뇌의 상태가 쾌적한 각성 상태로 변화되었음을 알 수 있었다. 또한 심리테스트에서 실험 참가자들의 긴장, 불안, 피로 등의 항목이 감소하는 경향을 보였다.

이러한 연구 결과는 뇌파진동과 같은 리드미컬한 움직임과 호흡, 주의집중이 결합 된 활동이 뇌 활성화, 정서 안정, 그리고 자율신경계의 균형과 관련될 가능성을 보여준다.

몸과 뇌를 동시에 풀어주는 도리도리

또 한 가지 주목할 점은 목과 머리 뒤쪽의 긴장이다. 머리 뒤쪽의 후두 하부 근육과 이를 지배하는 후두하 신경은 경추성 목통증과 두통에 영향을 줄 수 있다. 무리하지 않는 범위에서 고개를 좌우로 부드럽게 움직여서 후두 하부의 긴장을 풀어주면 머리와 목 주변의 부담을 줄이는 데 도움이 될 수 있다. 또한, 뇌파진동으로 경추를 풀어주면 부교감신경이 활성화되어 긴장이 풀리는 효과가 있고, 수면 호르몬인 멜라토닌이 활성화되어 수면에 도움을 줄 수 있다.

결국 뇌파진동의 핵심은 반복적 리듬, 호흡, 감각 집중, 이완으로 마음의 안정과 스트레스 반응을 낮출 수 있다는 데 있다.

◎ 뇌파진동 동작

- 앉거나 선 상태에서 척추를 곧게 세우고 눈을 감는다.

- 머리와 목을 좌우로 천천히, 리드미컬하게 흔든다.

- 숨을 깊게 들이쉬고 천천히 내쉬며, 복식호흡을 유지한다.

- 머리의 진동을 느끼며 '지금 이순간'에 의식을 머무르게 한다.

◎ Tip

- 전신을 가볍게 흔들거나 두드리는 동작을 병행하면 에너지
  순환이 촉진된다.

- 고개를 흔들 때는 들이마시는 숨보다 내쉬는 숨을 길게 한다.

- 어지럽다면 속도를 늦추거나 눈을 뜨고 시선을 한 점에 고정한

이영

후 시행한다.

- 생각을 놓고, 오직 감각에 집중함으로써 뇌파의 안정화를 도모한다.
- 처음에는 하루 3분, 익숙해지면 10~15분까지 늘려 실천한다.

뇌파진동의 효과

뇌파진동을 꾸준히 실천하면 가장 먼저 나타나는 변화는 몸과 마음의 긴장이 풀리기 시작한다는 점이다. 리드미컬한 움직임과 호흡이 반복되면 뇌파는 점차 안정된 상태로 전환되고, 과도하게 활성화되어 있던 스트레스 반응이 낮아진다. 그 결과 불안이나 긴장감이 줄어들고 마음이 한결 편안해진다.

또한, 뇌의 긴장이 완화되면 집중력과 인지기능도 함께 개선된다. 산만하게 흩어져 있던 주의가 한곳으로 모이고, 생각의 흐름이 정돈되면서 창의적인 아이디어나 문제 해결 능력도 자연스럽게 높아진다.

신체적인 변화도 함께 나타난다. 뇌와 장은 미주신경을 통해 긴밀하게 연결되어 있기 때문에 뇌의 긴장이 풀리면 장의 긴장도 함께 완화된다. 그 결과 소화 기능이 개선되고, 몸의 전반적인 컨디션이 안정되며 면역 기능에도 긍정적인 영향을 줄 수 있다.

3. 와공연단 _ 근력 이완이 근력 강화로

나의 체험 | 나를 일으켜 세운 힘

와공연단臥功鍊丹은 몸과 마음을 동시에 단련하는 전통적인 수행 운동법이다. 이 동작은 누운 자세에서 팔과 다리와 목을 들어 올려 일정 시간 유지함으로써 신체의 중심을 강화하고, 내면의 에너지를 조화롭게 다스리는 데 목적이 있다. 이 자세는 단순하고 쉬워 보이지만, 실제로 자세를 유지하다 보면 매우 힘이 드는 동작이다. 특히 목을 들어 올리고 있는 자세는 복근을 끌어올리고 뇌혈관들을 자극하는데 많은 에너지를 쏟게 한다.

목디스크 환자인 나에겐 고개를 들고 버티는 동작은 고문 그 자체였다. 한 자세로 오래 버티다 보면 온몸에서는 땀이 흐르고, 너무 힘든 나머지 눈물로 버티기를 반복했다. 그런 반복 훈련은 서서히 몸이 살아남을 느끼게 해주었다. 차분한 동작 속에 에너지를 모으고 뇌를 자극하는 수련이기에 와공연단은 고통

186

속의 기쁨을 주는 훈련이었다.

와공 연단

'와공'은 누워서 하는 공功을 의미하며, '연단'은 '단전丹田을 단련' 한다는 뜻이다. 이 자세는 단전호흡, 기공, 요가 등과 유사한 원리를 기반으로 하며, 단순한 근력 강화뿐만 아니라, 호흡과 에너지 순환을 통해 심신의 균형을 추구한다. 특히, 복부와 하체의 중심 근육을 강화하여 자세를 안정시키고, 내면의 집중력을 향상시키는데 도움을 준다.

와공연단은 깊은 이완 상태와 의식의 집중, 자세의 유지가 핵심이다. 처음에는 에너지의 이완이 쉽지 않다. 이 자세의 유지를 반복하여 근력이 생김으로써 오히려 이완이 가능할 수 있다. 이때 차분하게 평온한 호흡을 이어가고 평정심을 찾는 것이 중요하다. 조급해하지 않고 마라톤이라 생각하고 수련을 이어가야 한다.

◎ **와공연단 동작**

• 편안한 매트 위에 등을 대고 누워 양팔과 다리를 곧게 펴고 이완한다.

- 팔과 다리를 천천히 들어 올리고 손·발목은 꺾어 손바닥, 발바닥이 천정 방향으로 향한다. (무릎은 90~120도 정도 구부린다)
- 자세를 유지하면서 복식호흡에 집중한다.
- 처음에는 1분 정도 유지하고, 점차 시간을 늘려나간다.
- 마무리는 천천히 팔과 다리를 내리고, 편안한 자세로 몸을 이완시켜 휴식한다.

© Tip

- 운동 전후로 충분한 스트레칭과 이완을 통해 부상을 예방한다.
- 체력과 건강 상태에 맞게 동작의 강도와 시간을 조절한다.
- 특정 질환이 있는 경우, 전문가와 상담 후 실시하는 것이 좋다.

와공연단의 효과

도가 양생학에는 실제로 '수공睡功' 또는 '와공'이라는 개념이 존재한다. 수련을 통해 양생을 실천함으로써 신장을 보강하고 양기를 보충하며 기혈을 원활하게 하는 등의 효과를 목적으로 한다. '연단'의 개념은 도가 수련에서 자주 등장한다. 이는 일반적으로 수련의 수준을 높여갈수록 정기신精氣神을 정제하여 강

이영

건한 신체와 맑은 정신을 유지함을 목적으로 한다.

와공 연단 수련을 꾸준히 하면 복부와 단전 부위의 자극을 통해 기氣의 흐름을 원활하게 하여 에너지 순환을 촉진한다. 그리고 팔과 다리를 들어 올리는 동작은 코어 근육과 하체 근육을 강화하는 데 도움을 준다. 또한, 호흡과 동작의 조화를 통해 마음의 안정을 찾고 스트레스를 완화하여 정신적 안정에 도움이 된다.

4. 모관운동 _ 진동의 힘

나의 체험 | 혈액순환을 여는 작은 기적

아파트 관리실 지하에서 처음 수련을 시작했을 때를 떠올리면, 누워서 팔다리를 들어 올리고 흔드는 동작을 자주 했던 기억이 있다. 그때는 의미도 모른 채 그저 따라만 했었다. 당시 내 몸은 약해진 상태여서 잠깐만 들고 있어도 팔과 다리가 덜덜 떨리고 금방 무거워졌다. 지나고 보니, 그때의 그 동작이 바로 모관운동이었다.

당시 나는 하지정맥류 증상까지 있어 종아리가 늘 묵직하고 아렸으며, 발은 늘 차가웠다. 하체 순환 부족으로 다리가 자주 붓고 불편해서 어린 애들에게 주물러 달라고 부탁하는 것이 일상이었다.

그런데 모관운동을 꾸준히 반복하자 다리의 부종이 점차 줄어들었고, 아리던 종아리와 다리가 거짓말처럼 가벼워졌다. 그때는 그저 단순히 운동을 했을 뿐인데, 훗날 배움을 통해 작은 진동이 순환을 돕는 원리라는 것을 이해하게 되었다. 허공에 들고 흔드는 작은 진동이 혈액을 순환 시켜주고 생기를 불어넣어 주었던 것이다.

모관운동

모관운동毛管運動은 건강연구가인 일본인 니시 가츠조Nishi Katsuzo가 고안한 자연요법이고, 이후 의학박사인 코다 미츠오 Koda Mitsuo가 임상 경험을 바탕으로 건강법을 널리 소개하였다. 이 운동은 중력으로 인해 정체되기 쉬운 혈액을 심장으로 원활하게 되돌려 전신의 혈액 및 에너지 순환을 돕는 것이 핵심이다.

우리 몸에는 약 10만 km에 이르는 혈관이 있고, 동맥, 정맥,

그리고 모세혈관으로 이루어져 있다. 그중 대부분을 차지하는 모세혈관을 통해 산소와 영양분이 세포에 전달되고 노폐물이 수거된다. 그러나 스트레스, 노화, 운동 부족 등으로 인해 모세혈관 순환이 원활하지 않으면 피로가 쉽게 쌓이고 손발이 차가워지거나 부종이 나타날 수 있다.

심장은 모세혈관까지 직접 혈액을 보낼 수 없기 때문에 모세혈관의 탄성과 미세한 진동이 필요하다. 따라서 전신의 미세 진동은 혈액과 림프의 흐름을 깨우는 일종의 '천연 펌프' 작용을 하게 되는 것이다. 모관운동은 이러한 원리를 활용하여 몸 전체의 순환을 돕는 운동이라고 할 수 있다.

◎ 모관운동 동작

- 바닥에 등을 대고 편안하게 눕는다.
- 양손은 어깨너비, 양발은 골반 너비로 벌리고 수직으로 들어 올린다.
- 팔과 다리를 가볍게 흔든다.
- 일반적으로 1~2분 정도 기준으로 반복해도 좋다.
- 익숙해지면 수련자의 상황에 맞게 10분 정도로 늘린다.

- 손발을 수직으로 올리기 어려운 경우, 무리하게 수직으로 하지 않아도 된다.
- 동작은 크게 흔드는 것보다 가볍고 부드러운 진동이 좋다.
- 어지럼증이나 심혈관 질환이 있는 경우 무리하지 않고 자신의 몸 상태에 맞게 시행한다.

모관운동의 효과

모관운동은 팔과 다리를 흔드는 단순한 동작이지만, 말초 순환을 돕고 몸의 긴장을 완화하는 데 도움을 줄 수 있다. 팔과 다리를 들어 올린 자세는 정맥혈류가 심장으로 돌아오는 흐름을 돕고 림프 순환에도 긍정적인 영향을 줄 수 있다.

또한 몸이 이완되면서 자율신경계의 균형에도 영향을 줄 수 있으며, 혈액순환이 개선되면 뇌로 가는 산소 공급이 원활해지고 뇌세포의 대사 활동이 활발해질 수 있다. 모관운동과 복식호흡을 함께 할 경우, 뇌파의 안정에도 기여하고, 명상 효과와 유사한 이완 상태로 이끌어준다. 격렬한 운동이 아니기 때문에 누구나 비교적 쉽게 실천할 수 있다는 것도 장점이다. 작은 진동으로 몸이 순환되고 회복되면 마음도 함께 편안해진다.

모관운동을 통해 기대할 수 있는 변화는 다음과 같다.
- 말초 혈액 순환 촉진
- 손발 부종 완화
- 림프 흐름 개선
- 피로 완화 및 신진대사 촉진
- 자율신경 안정 및 이완 효과

5. 발끝치기 _ 살아나는 생체리듬

나의 체험 | 기혈 순환을 깨우고 고관절을 여는 자극법

나의 발끝치기 수련은 고관절 통증을 견디는 것에서 시작되었다. 처음에는 허벅지 안쪽과 고관절의 끊어질 듯한 통증에 동작을 계속하기가 쉽지 않았다. 하지만 주 2회 정도 꾸준히 횟수를 늘려가며 반복하자 조금씩 통증이 사라지기 시작했다. 점차 고관절, 허리, 무릎까지 좋아지는 걸 느꼈다, 무엇보다 걷는 느낌이 달라지고, 자세가 안정되어 가는 것을 느꼈다.

고관절의 통증을 견뎌내며 발끝치기를 1000번씩 이어가던 어느날 아침, 잠에서 깨어나는 순간 자동으로 발끝을 부딪치고 있는 나를 발견하게 되었다. 머리보다 몸이 먼저 반응한 것이다. 동작할 때는 비명이 나올 만큼 아프지만, 멈추고 난 후에는 다리가 가볍고, 온몸의 생체리듬이 살아나는 느낌을 받는 매력이 있다. 그 묘한 중독성 덕분에 지금도 나는 잠자리에서 습관처럼 발끝치기를 하고 있다.

발끝치기

발끝치기는 앉아서 다리를 곧게 펴거나 누운 자세에서 양 발뒤꿈치를 붙이고, 발끝을 일정한 속도로 좌우로 움직이며 서로 부딪치는 단순한 동작이다. 이 동작은 하체의 긴장을 풀고 고관절 주변 근육을 자극하여 하체 순환을 돕는 운동으로 알려져 있다.

발을 반복적으로 벌리고 모으는 움직임은 허벅지 안쪽 근육 내전근을 자극하고 고관절 주변 근육과 인대를 강화하고 척추와 골반을 바로잡아 몸 전체의 균형을 맞춰준다고 한다. 특히 오랫동안 앉아서 생활하는 현대인에게 하체의 정체된 에너지의 흐름을

이영

깨우는 데 도움을 줄 수 있다.

또한, 리드미컬한 움직임이 세로토닌 분비를 활성화하고 이는 수면 호르몬인 멜라토닌 분비로 이어져 불면증에 도움이 된다.

◎ **발끝치기 동작**

- 편안한 복장으로 자리에 앉거나 눕는다.
- 다리를 곧게 펴고 발뒤꿈치를 서로 붙인 채로 두 발을 벌렸다 오므리며 서로 부딪친다.
- 엄지발가락이 닿도록 리듬 있게 반복한다.
- 통증이 느껴지면 속도를 늦추거나 잠시 쉬어가며 진행한다.
- 끝나면 가볍게 다리를 털어 긴장을 풀어준다.

◎ **Tip**

- 처음에는 30~50회부터 시작하여 점차 익숙해지면 500~1,000회까지 늘릴 수 있다.
- 통증이 심할 경우 잠시 쉬었다가 다시 시도한다.
- 딱딱한 바닥보다는 매트를 깔고 동작하는 것이 좋다.

발끝 부딪치기의 주요 효과

현대인은 오래 앉아 있는 생활 습관과 운동 부족, 그리고 스트레스로 인해 에너지가 상체로 치우치고 하체는 차갑게 정체되기 쉽다. 이는 고관절과 장요근의 긴장을 유발하여 허리 통증과 하체 피로의 원인이 된다. 발끝 부딪치기는 이 같은 문제를 예방하고 개선할 수 있는 효과적인 자가 치유법이다.

특히 발끝을 부딪칠 때 발생하는 미세한 진동은 다리 근육을 넘어 척추를 타고 뇌까지 전달된다. 이 진동은 복잡한 생각으로 과열된 뇌를 식히고, 우리 몸의 에너지를 가장 이상적인 상태인 '머리는 시원하고 아랫배는 따뜻한(수승화강)' 상태로 되돌려 놓는다.

발끝치기를 통해 기대할 수 있는 변화는 다음과 같다.

- 하체 혈액순환 활성화 및 부종 완화
- 허벅지 내전근 및 장요근 자극
- 고관절 가동성 향상
- 하체 긴장 완화 및 피로 감소

- 장운동 촉진 및 복부 온기 증가
- 무릎과 하체 안정성 향상

마무리하며 – 당신의 뇌에도 '회복의 씨앗'이 있다

우연한 사고는 평온했던 내 삶을 송두리째 뒤흔들었다. 10여 년간 이어진 통증은 단지 육체만의 문제가 아니었다. 통증으로 잠을 잃자 감정이 무너졌고, 감정이 무너지자, 기억력과 집중력까지 저하되었다.

목디스크를 시작으로 목과 어깨의 통증은 몸 전체에 여러 문제를 몰고 왔다. 허리와 고관절 통증, 만성 두통, 위장 장애, 하지정맥류, 빈혈 등 아프지 않은 곳이 없었다. 누구도 대신해 줄 수 없는 고독한 싸움 속에 보낸 나날은 외롭고 슬픈 긴 터널 같았다. 지금 생각해도 그때로 다시는 돌아가고 싶지 않을 만큼 처절한 시간이었다.

그런 고단한 삶을 바꾼 시작은 우연히 만난 체조였다. 처음에는 그저 살기 위해 몸을 억지로 이끌었지만, 시간이 지나면서 나타난 변화는 사실 몸과 마음, 뇌 모두였다. 수련 시작한 지 어느덧 18년이 지난 지금도 나는 운동을 가장 중요한 회복의 힘으로 여긴다. 또한 수면을 소중히 여겨 늦은 밤 활동은 자제하고 일찍 잠자리에 드는 습관을 지키려고 한다.

배움을 통해 나는 다섯 가지 씨앗의 중요성을 더 깊이 깨달을 수 있었다. 몸, 마음, 그리고 뇌는 결코 따로 떨어져 있지 않다. 하나가 무너지면 도미노처럼 함께 흔들리고, 반대로 하나가 회복되면 함께 살아난다. 그 깨달음은 지금도 나를 계속 배우게 하고, 실천하게 하며, 또 다른 사람들과 나누게 한다.

이 글을 통해 내가 전하고 싶은 것은 거창한 비법이 아니다. 나를 살린 것은 우리가 이미 알고 있는 평범한 것들이다.

Sleep (수면) : 밤의 정화와 회복

Exercise (운동) : 뇌 구조의 재건

Education (배움) : 삶의 재해석

Diet (식습관) : 화학적 환경의 안정

Social Skill (관계) : 정서적 치유의 완성

SEEDS는 특별한 비법도, 한 번에 인생을 바꾸는 극적인 처방도 아니다. 잠을 소중히 여기고, 몸을 기쁘게 움직이며, 배움을 통해 나를 이해하고, 식탁을 돌보며, 관계의 기술을 다듬는 것.

이 다섯 가지 씨앗이 내 일상에 차곡차곡 쌓일 때, 비로소 뇌의 회복은 완성된다.

완벽할 필요는 없다. 오늘 단 하나의 씨앗만 심어도 충분하다. 운동은 그 어떤 약보다 강력한 '치료제'가 되어 당신에게 숙면을 선물하고, 새로운 도전에 나설 용기를 줄 것이다. 몸이 깨어나면 마음이 깨어나고, 마음이 깨어나면 인생이 달라진다. 나는 그렇게 다시 살아났다. 그리고 누구나 그 회복의 길 위에 설 수 있다고 믿는다.

이영

국제뇌교육종합대학원대학교 부설 원격교육연수원. 깨어있는 수업을 위한 뇌체조.

이선민 외(2022). 고강도 인터벌 운동이 인지기능에 미치는 영향. 한국 치매 협회.

이승헌(1999). 증상별 단학 도인 체조 1. 한문화멀티미디어.

이호준, 박강민(2022). 사람 뇌에서 글림프 시스템의 자기공명영상. 대한 수면 연구학회, 19(3), 107-116.

Arden, J. B.(2018). 뇌 기반 심리치료, 시그마프레스.

허준(1613). 동의보감.

Arita, H. (2010). Physiological and psychological effects of Brain Wave Vibration. Journal of International Society of Life Information Science, 28(2), 241-248.

Boss, L., Kang, D.-H., & Branson, S. (2015). Loneliness and cognitive function in the older adult: A systematic review. International Psychogeriatrics, 27(4), 541-553.

Cotman, C. W., & Berchtold, N. C. (2002). Exercise: A behavioral intervention to enhance brain health and plasticity. Trends in Neurosciences, 25(6), 295-301.

Cryan, J. F., O'Riordan, K. J., Cowan, C. S. M., Sandhu, K. V., Bastiaanssen, T. F. S., Boehme, M., ⋯ Dinan, T. G. (2019). The microbiota-gut-brain axis. Physiological Reviews, 99(4), 1877-2013.

Erickson, K. I., Voss, M. W., Prakash, R. S., Basak, C., Szabo, A., Chaddock, L., ⋯ Kramer, A. F. (2011). Exercise training increases size of hippocampus and improves memory. Proceedings of the National Academy of Sciences, 108(7), 3017-3022.

Gershon, M. D. (2013). Serotonin is a sword and a shield of the bowel. Nature Reviews Gastroenterology & Hepatology, 10(8), 473-481.

Hawkley, L. C., & Cacioppo, J. T. (2007). Aging and loneliness: Downhill quickly? Current Directions in Psychological Science, 16(4), 187-191.

Holt-Lunstad, J., Smith, T. B., & Layton, J. B. (2010). Social relationships and mortality risk: A meta-analytic review. PLoS Medicine, 7(7), e1000316.

Stern, Y. (2002). What is cognitive reserve? Theory and research application of the reserve concept. Journal of the International Neuropsychological Society, 8(3), 448-460.

Stern, Y. (2009). Cognitive reserve. Neuropsychologia, 47(10), 2015-2028.

Xie, L., Kang, H., Xu, Q., Chen, M. J., Liao, Y., Thiyagarajan, M., … Nedergaard, M. (2013). Sleep drives metabolite clearance from the adult brain. Science, 342(6156), 373-377.

Yoo, S. S., Gujar, N., Hu, P., Jolesz, F. A., & Walker, M. P. (2007). The human emotional brain without sleep: A prefrontal amygdala disconnect. Current Biology, 17(20), R877-R878.

아침기공체조가
뇌를
깨운다

김 창 수

김창수

작가는 통일부 공무원으로 재직한 1990년부터 뇌와 건강에 관심을 갖기 시작했고, 국학기공을 수련하여 30여 년이 되었다. 이런 관심으로 2016년 통일부 퇴직과 함께 국가공인 브레인트레이너와 HSP웃음명상지도사 자격증도 취득했다. 이때의 공부는 지금도 강사활동에 큰 도움이 되고 있다.

2018년부터 생활에 뿌리내린 국학기공 보급을 위해 새벽 공원체조 강사를 시작하여 지금도 봉사를 계속하고 있다. 2019년부터는 경로당 기공체조 강사, 주민센터 독거노인 대상 기공체조 강사로 활동 폭을 넓혔다. 이렇듯 마을 단위 생활공동체에서 강사 활동을 하는 것은 시니어 세대의 건강은 일상생활과 가까운 공간에 밀착하여 배움과 돌봄이 이루어져야 한다는 생각에서이다.

이 글은 시니어 세대와 함께 삶의 현장에서 얻은 경험과 강사로서 성찰하며 깨달은 지식을 바탕으로 쓰게 되었다. 독자들과 함께 건강설계의 공감대를 만들어갔으면 한다.

1

아침기공체조는
왜 좋은가?

아침은 하루의 시작이다. 우리의 신체는 아침에 일어나서 하루의 일과를 지내고 잠자리에 들고, 다시 일어나서 활동하는 일상을 반복한다. 매일 반복되는 일상 중의 하나로 채택된 일과라면 삶에서 꼭 필요한 중요도가 높은 일일 것이다. 기공체조가 일상의 일과로서 습관화한다면 우리의 건강에 어떤 영향을 미칠까? 기공체조는 우리 몸에 에너지를 주고 우리 몸 구석구석까지 관심을 갖게 함으로써 우리 몸을 온전하게 사용할 수 있도록 하는 데 많은 도움이 된다.

차량 운전에 앞서서 출발 전 점검을 하고 이상 유무를 확인함으로써 편안한 운행에 대한 자신감이 생긴다. 이처럼 우리 몸의 상태도 점검하고 최적화 상태로 만들면 일상에서 마음의 평온을 가져올 수 있다. 일상을 건강하고 쾌적하게 지내기 위해서는 우리 몸의 에너지가 충만해야 하는데 이는 차량에 있어서 연료가 충분한 것에 비유할 수 있다.

대한국학기공협회에서 발간한 국학기공지도자 자료에 의하면 기氣란 힘, 에너지, 생명력을 말한다. 기는 우주공간에서 빛과 소리, 파장으로 존재하는데 시간과 조건에 따라 여러 가지 모습으로 존재할 수도 있다. 원기元氣는 어머니 뱃속으로부터 가지고 나온 기이며, 정기精氣는 산소와 음식물로부터 취해진 영양분이 혈액순환에 따라 조직에 도달하여 세포에 섭취된 후 생성되는 열과 에너지이다. 진기眞氣는 정신 집중이나 정신 수련을 통해 생성하는 에너지를 말한다.

원기와 정기는 생명활동에 필요한 에너지로 마음을 집중하지 않아도 발생하는 1차적 에너지이다. 그러나 진기는 심파 작용에 의해 발생하는 2차적 생명 에너지이다. 예를 들면, 손에 마음을 집중할 때 손에 있는 정기가 마음의 집중을 통해 에너지로 나타나는데 이것을 바로 진기라 할 수 있다. 우리 몸 속에 생명 에너지인 기가 있다는 것을 알고 그 기를 느끼면서 하는 기공체조는 우리 몸의 상태를 건강하고 안정적으로 만드는 데 큰 역할을 한다. 기공氣功은 기에 공을 들이는 것이다. 즉 기를 운기하는 법을 배워서 심신을 건강하게 가다듬는 것이다.

기는 실체가 있는 것일까?

이론적 접근은 논외로 하고, 감각으로서 충분히 느낄 수 있는 열 에너지로서의 실체가 있다. 기를 느끼고 집중할 수 있는 방법으로 지감止感 수련이 있다. 지감은 '감각을 멈추게 한다'는 의미인데 구체적으로 표현하면 생각을 그치고 느낌에 집중하는 것이다. 지감은 감각이 예민한 손에서부터 시작한다. 지감의 수련법은 다음과 같다. 먼저 손바닥에 열감이 느껴질 때까지 양손을 뜨거움이 느껴질 때까지 비벼준다. 그리고 박수를 50회 이상 쳐주면 장심掌心의 느낌이 더욱 살아난다. 여기에서 장심은 손바닥의 한가운데를 말한다. 다음으로 양손을 가슴 앞에 합장하여 양 손바닥의 느낌에 집중한다. 손바닥을 천천히 5-10센티미터가량 떼면서 계속 손바닥에 집중한다. 손에서 따뜻함, 자력, 압력 등의 느낌이 나타난다. 양손이 마치 허공에 떠 있는 것처럼 느껴지기도 한다.

국학기공의 시원은 우리나라의 선도仙道에서 찾아볼 수 있다. 〈한단고기〉에 의하면 지금으로부터 약 1만 년 전쯤 중앙아시아에 살았던 한인 천제가 선도 수행을 통해 인간의 신성神性을 깨달았다고 전한다. 선도는 몸과 마음의 단련을 통해 우주만물과 일체가 되어 모든 생명과 사람을 이롭게 하는 삶을 살아가는 인간 완성의 원리를 담은 수행법이다. 특히 우리 민족의 삼대 경전 중 하나인 〈삼일신고〉에 전하는 지감止感, 조식調息, 금촉禁觸 수련은 선도 수행법의 근간을 이루었다.

필자가 국학기공을 접하게 된 것은 단전호흡에 관심이 있어서 1990년 안국동에 있던 단학선원에서 수련을 받게 되면서부터다. 현재는 브레인트레이닝 센터로 뇌 호흡의 중요성을 강조하는 수련센터로 변화를 가져왔다. 이후 1995년에 평생회원을 하게 되었고 중간에 다소 소홀하다가 2002년 잦은 피로감을 느끼면서 건강을 되돌아보게 되었다. 자연스럽게 수련을 다시 시작하면서 다행히 피로감이 줄어들고 생활에 활기가 생겼다.

세월이 흘러 퇴직하게 될 것에 대비해서 내가 할 수 있는 일을 생각할 시간을 갖게 되었는데, 내 건강도 챙기고 많은 사람에게 도움도 되는 활동이 바람직해 보였다. 이에 국학기공 강사

자격증을 취득하게 되었고 2018년부터 현재까지 아침공원체조 강사를 하면서 내 건강도 챙기고 함께하는 회원들의 건강에 도움도 주면서 보람을 느끼고 있다.

조신調身, 조식調息, 조심調心은 기공체조의 바탕이다.

대한국학기공협회에서 발간한 국학기공지도자 자료에 의하면 기공체조를 효과적으로 하기 위해서는 올바른 동작, 그리고 호흡과 의식의 조화가 필요하다. 이를 조신, 조식, 조심이라고 한다. 일반적으로는 동작을 먼저 익히고 숙달된 동작 속에서 기를 느끼며, 호흡과 의식을 통해 기를 조절하는 것이 수련의 순서이다.

조신은 동작과 자세를 바르게 하여 몸의 균형과 조화를 이루는 것을 의미한다. 국학기공의 큰 장점은 바로 신체의 균형과 조화를 들 수 있다. 조식은 자신의 폐활량에 맞게 자연스럽게 호흡을 고르는 것을 말한다. 처음 기공을 할 때는 가장 편안하고 자연스러운 호흡을 한다. 조심은 의식을 집중하고 조절함으로써 기를 다스리는 것을 의미한다. 기를 운용하는 법을 터득한다는 것은 결국 마음을 운용하는 법을 터득하는 것이다.

아침기공체조의
효과 사례

기공체조란 근육을 격렬하게 사용하는 움직임 없이 자세 조절, 호흡 조절, 마음 조절을 통해 기의 흐름을 다스려 마음과 몸의 전반적인 균형을 유지 또는 회복하는 부드럽고 무리 없는 건강 수련법이다. 기공체조는 '심기혈정'의 원리를 이해하면 큰 효과를 얻을 수 있다.

이를 좀더 구체적으로 설명한 사단법인 대한국학기공협회 자료에 의하면 다음과 같다.

"마음은 에너지를 생성하므로 모든 에너지는 마음의 표현이다. 우리 몸 속에 에너지가 응축되면 이것은 몸 속 에너지의 표현인 피가 된다. 피는 몸과 물질을 만드는 생명력이다."

김창수

사례 1. 오십대 중반 여성

아침기공체조 3달 된 50대 중반 여성의 사례이다. 어깨와 허리에 통증을 자주 느꼈는데 기공체조를 하면서 어깨관절 풀기와 허리운동으로 몸 상태가 많이 좋아졌다. 아직은 이르지만 어렴풋이 기를 느끼기 시작했고, 몸 상태가 좋아지는 이미지트레이닝을 하면서 전반적으로 생활에 활력을 얻게 되었다. 이 회원의 경우는 매일 하는 아침기공체조를 시작한 것만으로도 건강에 조금씩 변화를 일으키고 생활의 활력소를 찾은 사례라 할 수 있다.

기공체조에서 어깨관절을 푸는 과정은 단순히 근육을 스트레칭하는 것을 넘어, 기의 흐름을 원활하게 하고 관절 사이의 긴장을 이완시키는 데 목적이 있다. 기공에서는 어깨를 기운이 막히기 쉬운 관문으로 본다. 따라서 힘이 들어가는 무리한 동작보다는 부드러운 이완과 회전 중심의 기체조를 통해 스스로 풀리도록 유도하는 것이 좋다. 구체적인 수련 방법으로는 견관절 회전을 위한 어깨 돌리기가 있다. 이는 기본이 되는 동작으로 어깨 근육을 강화하고 가동 범위를 넓혀준다. 양발을 어깨너비로 벌리고 편안하게 서서, 양손을 어깨 위에 올리고 팔꿈치로 큰 원을 그린다는 느낌으로 앞에서 뒤로 천천히 돌린다. 반복한다. 이때 호흡에 신경을 써서 숨을 들이마시며 어깨를 올리고, 내쉬며 뒤로 아래로 툭 떨어뜨리듯 내린다. 속도를 조절해 가며 반대로 뒤에서 앞으로도 반복한다.

기공체조에서 허리운동은 척추의 정렬을 바로잡고, 주변 근육을 부드럽게 강화하여 기혈 순환을 돕는 것이 핵심이다. 대표적인 운동으로는 척추 말기와 펴기가 있다. 척추관절을 하나하나 접히듯이 굽히고 폄으로써 유연성을 극대화하는 동작이다. 양발을 어깨너비로 벌리고 서서 무릎을 살짝 굽힌다. 날숨으로 턱, 가슴, 배 순으로 몸을 둥글게 말아 앞으로 숙인다. 손끝이 바닥에 닿을 정도로 내려갔다가, 들숨으로 꼬리뼈부터 척추 마디를 하나씩 쌓아 올리듯 천천히 일어난다. 뼈와 근육의 움직임을 느끼며 체력에 맞게 반복한다. 이 허리운동은 척추 사이의 공간을 벌려주어 디스크의 압박을 완화하고 기운을 하체로 내려보내는 효과가 있다.

이 외에도 허리와 골반을 연결하는 부위의 정체를 풀어주는 고관절과 허리 돌리기 수련이 있다. 이 동작은 양손을 허리 뒤의 신장 부위에 대거나 골반에 올린 채, 허리로 큰 원을 그린다는 느낌으로 천천히 돌려준다. 단순히 골반만 돌리는 것이 아니라, 허리 깊숙한 곳의 근육이 이완되는 것을 느끼며 천천히 크게 움직이는 것이 좋다. 좌우로 방향을 바꾸어가며 반복한다. 이 수련은 골반의 비대칭을 교정하고 허리 주변의 혈액순환을 도와 요통을 예방하는 효과가 있다. 다만 허리에 큰 무리가 가지 않도록 주의해야 한다.

사례 2. 육십대 후반 남성

아침기공체조 2달 반 된 60대 후반 남성의 사례이다. 기공체조를 해보니 우리의 건강에 매우 유익함을 느끼게 되었다며, 아침기공체조를 시작하게 돼서 다행이라고 수시로 말을 해주던 회원이다. 거북목, 등뼈가 휘는 만곡증, 어깨의 통증도 덜해지고 있음을 느낀다고 좋아했다. 실제로 기공체조 덕분에 몸의 균형과 유연성을 유지하는데 도움이 되고 뼈를 잘 맞춰주고 몸의 운동성과 통증에도 효과를 봤다는 체험담이 많다. 특히 시니어 세대에게는, 무리하지 않고 몸의 유연성과 균형을 잃지 않고 건강을 유지하는 데 도움이 된다.

척추는 몸의 기둥이다. 기둥이 휘면 집도 비틀어져 위험한 상태가 된다. 그렇다고 잘못 손대면 허물어질 수도 있다. 우리의 몸도 똑같다. 척추만곡증은 등뼈 자체의 비틀림을 동반할 수도 있으며, 양어깨의 높이가 균형을 이루지 못하거나, 견갑골의 돌출, 허리 높이 비대칭 등의 변형을 유발할 수 있다. 이를 예방하거나 개선하기 위한 기공체조로 접시돌리기가 대표적이다.

접시돌리기는 단전에 집중하여 기를 모으고, 다시 수승화강의 원리로 온몸으로 기를 보내는 수련이다. 접시를 돌리듯 부드럽고 유연한 동작으로 근육을 이완시키고 등뼈의 제자리를 잡아주는 효과가 있다. 수련 방법은, 손바닥 위에 접시가 놓여 있다고 가정하고 8자 형태를 그리며 어깨를 회전시키는 난이도가 높은 기공체조이다. 한쪽 손바닥을 하늘로 향하게 한 뒤, 몸 안쪽에서 바깥쪽으로 크게 8자(∞) 모양을 그리며 팔 전체를 회전시킨다. 반대로 바깥쪽에서 안쪽으로도 바꾸어가며 반복한다. 이 기공체조는 억지로 8자를 그린다기보다는 몸이 자연스레 아주 크게 원이 그려지도록 해야 한다. 동작을 하면서 어깨관절뿐만 아니라 손목, 팔꿈치, 척추까지 전신이 비틀어지며 기분 좋은 자극을 느끼도록 한다. 이때 차분하게 호흡을 고르고, 기와 혈도 함께 전신을 순환하고 있다는 이미지트레이닝을 병행한다.

사례 3. 육십대 후반 남성(필자)

공무원 승진 후 중요한 정책부서에서 근무하던 40대 중반에, 바쁘다는 핑계로 건강을 다소 소홀히 하면서 무기력하고 쉽게 피로감을 느끼는 나날이 계속되었다. 중단했던 기공체조를 다시 해보면 건강을 회복할 수 있다는 생각으로 직장 근처의 센터를 찾아 일주일에 3회 이상 운동을 하면서 기력이 회복되고 생활에 활력이 생겼다. 운동을 하면서 호흡과 의식 수련을 함께하는 것이 마음이 편안해지고 신체적으로도 건강하게 변하고 있다는 것을 자각하면서 꾸준히 기공체조를 하였다.

기공체조는 여럿이 어울려 함께 하면 계속해서 수련할 수 있는 동기부여가 생겨 중간에 포기하지 않는다. 계속하다 보면 필자가 경험한 것과 같이 무기력에서 빠져나와 활력있는 삶을 새롭게 시작하게 된다. 이리하여 또다시 면역력을 얻고 자연치유력을 실감하게 되어 수련을 계속하는 선순환을 스스로 만들어가는 것이다. 여기에서는 기공체조의 기본자세에 대해서 정보를 공유하고자 한다.

기공체조에서 기본자세는 인체의 뼈대와 같이 중요하다. 기본을 확실하게 해낼 수 있을 때 원하는 동작도 해낼 수 있고 그에 따르는 효과도 얻을 수 있다.

기본은 흔히 말하는 기마자세와 비슷하다. 발은 어깨너비를 11자로 벌리고 서서, 고관절을 살짝 접어 높은 의자에 앉은 듯한 느낌으로 무릎을 가볍게 굽히는 것이 핵심이다. 윗몸은 척추를 꼬리뼈부터 정수리까지 곧게 하여 수직으로 세운다. 이때 체중은 발바닥 전체로 균등하게 지탱하여 무릎에 무리가 가지 않도록 체중을 분산한다. 이러한 자세를 바탕으로 기공체조는 기를 동반하는 수련이기 때문에 호흡에 집중하고 운용을 잘해야 한다. 이때, 과하면 아니함만 못하다고 호흡에 신경 쓴다고 경직되면 안 된다. 호흡을 잘하기 위한 자세로는 어깨 힘을 빼고 편안하게 내리며, 손은 엄지와 검지를 붙여 삼각형 모양을 만들어 배꼽 아래 단전 부근에 둔다. 호흡은 들숨과 날숨을 코로 쉬도록 하여 복식호흡을 한다. 익숙해짐에 따라 아랫배에서 에너지를 느껴보도록 권장한다.

기공체조의 기본자세는 나에게서 일상생활의 기본이기도 했

218

다. 이로써 건강을 유지하고 피로를 회복하며 삶의 질을 흐트러
뜨리지 않을 수 있었다고 생각한다, 이의 연장선에서 60대에 퇴
직을 하고 나서도, 내 건강도 돌보고 다른 사람들의 건강에도
도움을 준다는 마음으로 아침기공체조 강사를 현재까지 지속하
고 있다.

사례 4. 칠십대 초반 여성

아침기공체조 6년 된 70대 초반 여성 사례이다. 2018년 4월
에 수락산 입구의 한 아침기공체조 수련장에서 시작할 때부터
현재까지 쉬지 않고 참여하는 회원이 있다. 어머니가 치매로 돌
아가셔서 본인도 치매 관련 약을 먹고 있었는데, 언젠가는 치매
에 걸릴지 모른다는 불안감이 컸던 회원이 있다. 이 회원과 대
화할 기회가 있었는데 가족력과 관련한 이야기를 나누었다. 가
족력은 가족의 생활습관이 비슷한 경우에 나타날 확률이 높다.
그렇기에 생활습관을 개선하고 긍정적인 생각을 습관화하여 건
강하게 지낼 수 있다는 자신감이 있으면 가족력의 영향에서 벗
어날 수 있다는 조언을 해 준 바 있다.

이 회원은 성실하고 순수해서 이러한 조언을 받아들이고 열심히 아침기공체조에 참여하였다. 기공체조가 치매 예방에 도움이 된다는 인식을 갖게 되었으며 능동적으로 치매 예방 교실에도 다녔다. 지속적인 수련은 병원의 진단에서도 치매에 걸릴 확률이 거의 없다는 진단결과를 받았다. 현재는 치매 관련 약을 끊고 건강하고 밝게 생활하고 있다.

치매는 뇌의 인지기능 장애로 인해 일상생활을 제대로 하기가 어려운 질병으로 알려져 있다. 치매관리법 제2조 제1호에서는 치매를 '퇴행성 뇌질환 또는 뇌혈관계 질환 등으로 인하여 기억력, 언어능력, 판단력 및 수행능력 등의 기능이 저하됨으로써 일상생활에서 지장을 초래하는 후천적인 다발성 장애'로 정의한다. 이에 근거하면 치매는 선천성이 아니라는 사실, 나아가서 기공체조를 통해 두뇌운동을 함으로써 뇌혈관을 건강하게 하여 치매로부터 해방될 수 있다는 인식을 갖게 할 필요가 있음을 보여준 사례이다.

김창수

사례 5. 팔십대 초반 여성

아침기공체조 수련기간이 1년 된 80대 초반 여성 사례이다. 목 디스크로 병원에 다녔지만 좀처럼 회복이 안 되어 고생하였는데 아침기공체조에서 하는 목운동으로 목 상태가 많이 좋아졌다고 하였다. 또한 아침기공체조 덕분에 전반적으로 몸이 건강하게 유지되고 있다며 감사한 마음을 전해왔다.

한번은 지방 행사에 참여해서 음식을 먹고 속이 더부룩해 힘들었는데, 손바닥 가운데를 자극해 주면 장이 편안해진다는 아침기공체조 강사의 말이 생각이 나서 열심히 손바닥을 누르고 주무르면서 자극한 결과 뱃속이 편안해졌다는 경험담도 들려주었다. 손바닥 가운데가 장과 연관이 되어있는 것은 한의학에서 입증하고 있다는 인용을 평소에 말해준 것이 도움이 된 사례이다.

이 회원은 팔십대의 고령인데도 여전히 아침기공체조에 적극적으로 참여하고 있다. 보기에도 움직임이 활달하고 표정이 밝아서 건강하게 생활하고 있다는 걸 느끼게 한다.

목운동은 목 스트레칭을 하면서 목에 의식을 집중하고 지속적으로 상태를 점검하면서 목이 좋아지고 있다는 이미지트레이닝 하는 것이 좋다. 목운동은 기본적으로 목과 관련이 있는 경추 다열근, 승모근, 사각근, 흉쇄 유돌근 등의 다양한 근육을 이완 시키거나 근력을 강화하는 운동을 꾸준하게 하는 것이 중요하다. 이를 통하여 목의 피로 누적을 해소하고 혈액순환을 도우면서 목의 안정화를 확보해야 한다. 이를 위해서는 평소에도 습관처럼 전후방과 회전 압박운동을 통한 근육강화, 섬세한 운동 요령에 맞추어서 하는 유연성 운동, 굴곡 운동 등을 병행하는 것이 좋다. 목운동에서 특히 유의할 점은 무리하지 않는 것이다.

김창수

아침기공체조
지도 사례

지역밀착형 아침기공체조를 찾아가 보기로 한다. 여기에서는 지역공동체에서 함께하는 지역밀착형 아침기공체조의 대표적인 사례를 들어 그 현황과 실제 운영하는 프로그램에 관해서 구체적으로 안내하고 정보를 공유하고자 한다. 전국적으로 특히 시니어 계층에서 많은 사랑을 받고있는 아침기공체조는 전국의 공원이나 숲에서 실시하고 있다. 필자가 오랜 기간 강사로 활동하고 있는 노원구의 경우에는 11곳에서 각자의 역사를 만들어가면서 면면히 아침기공체조 활동을 이어가고 있다. 일반적으로 동절기를 제외하고 3월에 시작해서 11월까지 하고 있다. 그 현황은 다음과 같다.

- 경춘숲(정자밑) - 월, 수, 금 (07:30-08:30)

- 당현천(어린이교통공원) - 월, 수, 금 (06:00-06:50)

- 불암산 힐링타운 - 월, 화, 목, 금 (06:30-07:20)

- 상계근린공원 - 월, 수, 금 (06:20-07:20)

- 솔밭길공원 - 월, 수, 금 (14:30-15:30)

- 수락산 당고개공원 - 화, 목 (06:00-06:50)

- 수락산 당고개공원 - 월, 수, 금 (10:30-11:20)

- 수락산 무장애길 쉼터 - 월, 수, 금 (07:00-07:50)

- 수락산 스포츠타운 - 화, 목 (06:00-07:00)

- 한내근린공원 - 화, 목 (06:30-07:20)

- 햇빛공원 - 화, 목, 금 (06:00-06:50)

아침기공체조를 좀더 깊이 들여다보기 위해 필자가 지도하는 수락산 무장애길 쉼터를 소개한다. 지하철 7호선 수락산역 3번 출구에서 10분 정도 걸어서 수락산 입구를 지나면 수락산 무장애길이라는 안내 표지판이 보인다. 누구나 산책을 할 수 있도록 데크길을 조성한 곳이다. 잘 포장된 데크길을 따라 50미터쯤 이동하다 보면 쉼터가 나오는데 보통은 10명 내외에 많게는 20여 명이 아침 기공체조를 하고 있다,

필자가 아침기공체조 지도를 하게 된 것은 2018년 수락산 입구 주변에서 시작하면서부터이다. 국학기공 덕분으로 건강을 유지했던 보답으로, 퇴직 후 다른 사람들의 건강에도 도움이 된다면 좋겠다는 마음에서 비롯되었다. 코로나19로 2020년에 잠시 중단되기도 했지만, 정겨운 얼굴들 새로운 얼굴들이 모여서 끊어지지 않고 필자의 지도를 받으며 아침기공체조를 해오고 있다.

아침기공체조 진행 과정을 야외 현장에서 이루어지는 순서대로 정리하여 설명한다. 때때로 강사의 입장에서 지도하는 포인트를 가미하여 독자의 이해에 도움을 주도록 보완하기도 했다. 처음 순서는 준비체조로 무릎 굽혔다 펴기, 발목 돌리기, 허리 돌리기, 고관절운동, 가슴열기, 목운동을 가볍게 하면서 몸을 풀어준다. 기공체조는 분위기를 끌어올리기 위해서 사물놀이 음악이나 기공체조에 적합한 음악을 틀어놓고 하는데, 온몸 두드리기를 한다.

준비체조는 우리 몸의 기능이 원활하게 작동이 되도록 하기 위한 기본체조라고 할 수 있다. 천천히 무릎 상태를 파악하기 위해 앉았다 일어나기를 4~5차례 반복 실시하고, 발목의 상태를 파악하기 위해 발끝을 세우고 하는 발목 돌리기, 허리의 상태를 파악하기 위해 좌우로 번갈아 4~5차례 천천히 허리돌리기를 한다. 다음으로 다리를 들고 하는 고관절돌리기를 좌우로 번갈아 5-10회 하면 평상시 낙상을 예방할 뿐만 아니라 산을 오르거나 내려올 때 균형을 잡고 안정적으로 등산을 하는 데 도움이 된다. 이밖에 양 손바닥을 마주하고 숨을 들이쉬면서 벌렸다가 천천히 내쉬면서 다시 양 손바닥을 가까이 모으는 가슴열기 체조로 폐의 기능을 강화해 준다. 이어서 전후좌우로 목운동을 하면서 목의 상태를 점검하고 목디스크 예방에 도움이 되는 체조를 실시한다.

온몸 두드리기는 세포를 자극하여 활력을 얻게 할 뿐만 아

김창수

니라 혈관 벽에 붙어있는 찌꺼기들을 제거하여 혈액순환을 좋게 하는 데 많은 도움이 된다. 온몸 두드리기를 하면서 두드리는 부위에 집중하며 좋아진다는 상상을 하도록 유도하면서, 상상하는 만큼 효과가 있다는 것을 강조한다. 머리부터 두드리는데 머리 정수리 부분의 백회를 두드리면서 동작과 함께 의식을 집중하도록 하고 기운을 느끼고 감각을 깨우게 한다. 머리 부분은 얼굴의 각 부분과 밀접한 연관이 있다. 밀접한 기관들을 의식하면서 두드리기를 하면 운동효과를 더욱 높일 수 있다. 머리 뒤쪽 후두엽을 두드리면서 머리가 시원해지고 눈이 밝아진다는 의식에 집중하게 한다. 그리고 머리 옆쪽 측두엽을 두드리면서 귀가 밝아진다는 의식을 함께하고 머리 앞쪽 전두엽을 두드리면서 오늘 하루 행동을 하는데 올바른 판단을 할 수 있다는 상상을 하도록 한다.

얼굴 부위를 골고루 두드리는데 특히 광대뼈 부위를 두드리면서 얼굴근육이 이완되어 편안한 미소를 지을 수 있다는 상상을 하게 하고 목을 두드리면서 목이 바르게 펴지고 편안하다는 상상을 하게 한다. 이어서 왼쪽 어깨에서부터 손바닥까지 두드리면서 손바닥에 와서는 손이 인체의 축소판이라는 점을 강조하고 손바닥, 손등, 손바닥 가운데를 이르는 장심, 손목 등 골고루 두드리면서 인체의 각 부위가 원활하게 작동되는 것을 상상하게 한다.

이와 같은 방식으로 뇌의 상상력을 활용하고 두드리는 동작과 부위에 집중하면서 우리 몸을 구석구석 두드리다가 끝으로는 신장 부위를 두드리면서 신장이 튼튼해지는 것을 상상하도록 말해주고, "신장"이라고 내가 선창하면 회원들은 "튼튼"이라고 우렁차게 3회를 외친다. 마무리로 온몸을 쓰다듬으면서 "아-시원하다, 기분 좋다"를 외치면서 기공체조를 끝낸다. 기분이 좋다는 뜻은 기운의 분위기가 조화롭다는 뜻으로 해석한다.

이 과정에서 특히 배꼽 아래에 위치한 단전치기를 할 때는 강

사부터 시작해서 회원들이 한 사람씩 돌아가면서 10회씩 구호하면서 100회 정도까지 한다. 단전치기는 장을 튼튼하게 하고 단전을 강화시켜 뱃심과 자신감을 기르는 동작이다. 장 주변은 행복 호르몬이 90% 이상 생성되는 곳이라는 설명을 해주면서 스스로 행복해진다는 상상을 하도록 한다.

전반적으로 몸의 구석구석이 풀리고 나면 기공 동작을 익히면서 동작과 호흡과 의식을 조화롭게 하도록 지도한다. 주먹쥐기, 기세, 접시돌리기 등을 가볍게 하고 음악과 함께 지구기공, 일지기공, 운기보형공, 단공기본형, 단공축기형 등을 진도에 맞추어 실시한다. 주먹쥐기는 차려 자세에서 숨을 들이마시면서 주먹 쥐고, 숨을 내쉬며 주먹 펴기를 3회 반복하면서 손에서부터 기를 살린다. 기세는 왼발을 앞으로 내밀어 반원을 그리면서 어깨너비만큼 벌린다. 양팔을 어깨높이로 올리며 숨을 들이마시고, 팔을 아래로 내리면서 숨을 내쉰다. 기세는 우리 몸 안에 있는 내기를 일으키고 기운을 열어주는 자세이다.

앞에서도 언급한 접시돌리기는 왼손, 오른손, 양손을 번갈아 하는 데 우선 왼손, 왼발을 앞으로 내밀고, 왼손 위에 접시를 올려놓았다고 생각한다. 손목을 안으로 돌리고 허리를 크게 돌리면서 왼손이 머리 위쪽에서 회전하도록 한다. 이와 같은 방식

　김창수

으로 오른손, 양손도 해준다. 접시돌리기는 각 관절을 풀어주며 몸을 부드럽게 한다. 자율신경이 강화됨으로써 내장기능이 좋아지고 성인병 예방과 치료에 매우 효과적이다.

국학기공의 교과서라 할 수 있는 이승헌 저술의 〈국학기공〉에 의하면 대표적인 기공으로 지구기공, 단공기본형, 단공축기형이 있다. 지구기공은 우리 생명의 뿌리인 지구를 몸과 마음으로 느끼기 위해 고안한 기공이다. 지구기공의 핵심은 지구와 내가 하나라는 의식을 가지고 지구와 함께 기운을 느끼면서 잘 노는 것이다. 단공기본형은 단공에서 가장 자주 쓰이고 기본이 되는 동작과 손 모양, 보법, 운기법 등을 모아 구성한 것이다. 기본형을 반복하다 보면 수련 중에 더 깊은 집중력을 유도할 수 있고 기를 쉽게 느낄 수 있으며 그 과정에서 자연스럽게 운기가 이루어진다. 단공축기형은 축기를 목적으로 하는 수련이다. 단공축기형을 단련하면 마치 고무풍선처럼 몸 안에 기운이 팽팽하게 가득 차면서 온몸에 활력과 생동감이 넘친다.

기공체조는 목표를 갖고 수련하면 더욱 효과적이다. 우선 자신의 건강에 도움을 준다는 생각에서 출발하여, 더 나아가서는 주변의 지인들을 지도할 수 있도록 하고 그들과 함께 건강을 누리자는 목표를 세울 것을 권장한다.

아침기공체조와
뇌 건강과의 관계

기공체조를 수련하면서 무엇보다도 신체 움직임의 중요성을 인식할 필요가 있다. 운동을 하면 인지기능이 좋아진다는 사례는 미국 일리노이주 센트럴 고등학교 '0교시 체육수업'이 유명하다. 0교시에 1.6km 달리기를 하는 체육수업을 배치했더니 학기 초에 비해 학기 말의 읽기와 문장 이해력이 17% 증가했고 0교시 수업에 참가하지 않은 학생들과 비교해 성적이 2배가량 향상되었다는 연구 결과가 보고되었다. 운동을 하면 호르몬 체계의 변화로 기분이 좋아진다. 운동으로 관절을 움직이면 엔도르핀 방출을 자극하게 되고 우울증과 불안감을 줄여주는 대표적인 신경전달물질인 세로토닌과 뇌의 쾌락 중추를 자극하는

김창수

신경전달물질인 도파민 생성을 촉진하는 것으로 알려져 있다.

몸의 변화와 집중도를 체크하는 것은 중요한 의미를 갖는다.

국가공인 브레인트레이너 자격검정을 위한 교재를 보면 〈몸과 집중도 체크리스트〉가 있다. 이 체크리스트는 몸의 균형, 심장박동, 유연성, 평형감각, 전신근력, 집중력 등을 스스로 점검해볼 수 있도록 구성되어 있다. 기공체조 수련자도 이러한 체크리스트를 활용해 신체의 변화를 점검하고 개선되어 가는 상태를 확인하면서 자신감을 얻는 것도 중요하다. 주기적으로 점검하여 몸 상태의 개선 여부를 확인하면서 운동 효과를 높이는 한편, 몸에 대한 관심을 갖게 함으로써 건강관리를 생활화하는 데 도움을 준다.

뇌는 우리 몸을 관리하는 가장 중요한 기관이다. 뇌가 어떤 판단을 하느냐에 따라 몸의 반응이 달라지고 건강 상태의 변화가 개선 쪽으로 갈지 쇠퇴 쪽으로 갈지 엇갈린다. 기공체조는 몸의 움직임도 중요하지만, 그에 못지않게 의식의 흐름도 매우 중요하다. 이런 점에서 아침기공체조와 뇌 건강과의 관계는 긴밀하다고 볼 수 있다. 신체와 뇌는 따로따로 분리되어 역할을 하는 것이 아니라 연결되고 관여하며 밀접하게 영향을 미치는 관계를 형성하고 있다. 이와 연관 지어볼 때, 어떤 생각을 하느냐에 따라 신체도 변화를 가져올 수 있다는 것을 알 수 있다. 기공체조가 동작, 호흡, 의식이 조화를 이룬다는 면에서 단순한 운동 기능적 체조와 차별화되어 있다고 말할 수 있다.

고대 로마의 시인인 유베날리스가 한 명언으로 "건강한 신체에 건강한 정신이 깃든다"는 말이 있다. 신체와 정신은 서로 조화를 이룰 때 이상적인 것임을 표현한 말이다. 루트번스타인 부부의 저서 〈생각의 탄생〉(2007)에 의하면 우리는 모두 마음에서 기인한 몸의 고통이나 쾌락을 겪은 적이 있다. 그 반대의 경우도 마찬가지이다. 그걸 보면 마음과 장, 표정 사이에 해부학적 연계성이 있다는 것을 알 수 있다. 해부학자인 실비아 벤슬리는 우리의 감정이 얼굴 근육에 의해 나타나지만, 발생학적으로 보면 모든 얼굴 근육은 장 근육이며, 장 신경에 의해 활성화된다고 주장한다. 그녀는 "우리의 감정과 내장의 해부학적인 연계성은 직접적이며, 이 연계성은 우리가 생각하는 것보다 훨씬 밀접하다"라고 말한다. 우리가 좋거나 싫을 때 느끼는 감정, 행복감이나. 비애감을 느낄 때 마음은 실제로 내장과 연결되고, 내장은 다시 마음이나 근육과 통하게 된다. 마음과 몸은 하나다. 따

김창수

라서 우리는 이러한 상호연계성을 어떻게 이용하고 촉진시켜야 할지를 배워야 할 것이라고 주장한다.

이상의 내용에서 살펴보았듯이 아침기공체조를 통해 뇌 건강을 유지하고 뇌 건강을 유지하기 위해서 아침기공체조를 활용하는 선순환의 습관을 자연스럽게 일상생활화할 것을 권장한다. 여러분도 이 정도의 꾸준함과 자기관리 수준에 다다르면, 밝고 즐거운 삶의 질QOL 향상이 꼭 이루어지리라 확신한다.

몸과 집중도 체크리스트

내 몸의 상태를 확인하고 해당하는 칸에 동그라미 하세요.

동작명	측정기준	점수기준				
		1	2	3	4	5
눈감고 한 발로 균형 잡기	양팔 들고 자세를 유지한 시간	0~3초	3~5초	5~10초	10~15초	15~20초
집중박수 따라치기	10번을 해서 동시에 친 횟수	전혀 안 맞음	1~3번	4~6	7~9	10번 다 맞음
깍지 껴 팔 펴주기	엇갈려 깍지 낀 팔이 펴진 각도	거의 안 펴짐	약간 펴짐	반 정도 펴짐	반 이상 펴짐	완전히 펴짐
양손 바닥에 닿기	손과 바닥과의 거리(cm)	20이상	11~19	1~10	손끝이 닿음	손바닥 닿음
눈감고 제자리 걷기	20초 걸은 후, 몸이 돌아간 정도	원을 돈다	반원	45도	15도	정면
팔굽혀 펴기	30초 동안 한 개수	2개 이하	3~10개	11~15개	16~20개	21개 이상
총 점 수				(	/ 30)	

- 0-12점 : 해야 할 일에 두뇌를 잘 쓰지 못하는 상태
- 13-18점 : 두뇌활성화가 필요한 상태
- 19-24점 : 두뇌활성화가 된다면 능력을 잘 발휘할 수 있는 상태
- 25-30점 : 두뇌활성화가 잘 되어 일에 집중력과 의욕을 발휘하는 상태

김창수

국학기공 & 브레인트레이닝 강의계획서

교시	세부내용
1	소개 및 스트레칭, 기공체조 원리, 몸과 집중도 체크, 온몸 두드리기, 기운느끼기, 기세, 임맥풀기, 접시돌리기. 발끝치기, 국학기공 8수 시범
2	두뇌체조로 몸의 자세 바로잡기(옆구리와 허리 숙여 늘이기, 기지개펴기), 온몸 두드리기, 임맥풀기, 접시돌리기, 국학기공 1수, 손뼉웃음박수
3	두뇌체조로 긴장된 몸 이완하기(어깨 돌리기와 어깨 털기, 목 돌리기와 늘이기, 혀로 잇몸 문지르기), 온몸 두드리기, 임맥풀기, 국학기공 1-2수
4	두뇌체조로 좌우 뇌 활성화하기(어깨, 팔 반대로 돌리기, 엇갈려 다리치기, 무한대 그리기), 온몸 두드리기, 임맥풀기, 국학기공 1-3수
5	두뇌체조로 집중력 기르기(한 다리 들고 균형잡기, 아랫배 운동, 아랫배 두드리기), 온몸 두드리기, 임맥풀기, 국학기공 1-4수
6	두뇌체조로 자신감 키우기(무릎굽히고 양팔벌리기, 팔굽혀 손끝보면서 한 발로 균형잡기), 온몸 두드리기, 임맥풀기, 국학기공 1-5수
7	손목 돌리기, 팔 돌리기, 어깨 돌리기, 고관절 돌리기, 무릎 돌리기, 발목 돌리기, 온몸 두드리기, 임맥풀기, 국학기공 1-6수
8	장운동, 횡경막 두드리기, 단전치기, 골반 돌리기, 온몸 두드리기, 임맥풀기, 국학기공 1-7수
9	가슴과 등 풀기, 척추펴기, 뒤꿈치 들기, 고관절 풀기, 온몸 두드리기, 임맥풀기, 국학기공 1-8수
10	가슴과 등 풀기, 척추펴기, 온몸 두드리기, 임맥풀기, 국학기공 1-8수, 몸과 집중도 체크, 설문조사
11	온몸 두드리기, 접시돌리기, 국학기공 1~8수,
12	뇌정화하기, 웃음명상,

※ 국학기공 & 브레인트레이닝 12주 프로그램 (주/2시간)

참고문헌

로버트 루트번스타인, 미셸 루트번스타인, 박종성 역(2007).
생각의 탄생, 에코의서재.
이승헌(2015). 국학기공(몸으로 익히는 한민족의 정신), 한문화.
이승헌(2011). 뇌호흡, 한문화.

김창수

창의적 나이듦, 매력 있지 않아요?

이혜유니

이혜유니(이혜숙)

뇌교육학박사, 장난감창의놀이, 늘봄학교 교육콘텐츠 개발자.

유치원 교사를 시작으로, 일본에서 어린이집 교사로 7년 근무하고 한국에서 국공립 어린이집 원장으로 근무했다. 친환경 교육을 위한 장난감컨설턴트 자격증을 취득한 이래 30여 년을 장난감 창의교육을 연구하고 강의하여 온 교육용 창의장난감 전문가. KBS, 한겨레신문, 여성중앙 등 매스컴에서 장난감 창의교육을 소개해 왔다.

2017년부터 장난감과 뇌의 연계성에 관심을 갖고 뇌교육 연구를 통하여 '친환경 장난감과 창의성 그리고 행복한 나이듦'의 실천을 위한 여정을 계속하고 있다. 대학교, 서울시 늘봄교육, 서울시교육청 부모행복교실, 서울시 보육교사교육원, 서울시 50+재단, 어린이집·유치원, 초등학생, 실버세대, 기업·단체 등에서 교육 및 자문활동을 하는 한편, 뇌인지놀이지도사 양성에도 힘을 쏟고 있다.

저는 유치원 교사로 시작하여 뇌교육적 관점에서 놀이와 창의성을 연구하고 있습니다. 더불어 교육현장에서 강의를 하는 한편, 놀이와 창의성 관련 교육프로그램을 개발하여 보급하는 일도 하고 있습니다. 그러다 보니 학생들은 물론 다양한 계층 그리고 아이들부터 나이듦의 여정에 들어선 사람들까지 폭넓은 연령대의 사람들을 두루두루 만납니다. 이 책은 연구의 과정에서 또는 현장에서 만난 사람들의 사례를 바탕으로 창의적 나이듦을 위한 이야기를 하고자 합니다.

게이블 톱gable top이라고 하는 삼각 지붕 모양의 우유팩은 도구 없이도 개봉하기에 편합니다. 너무도 당연해서 아무 생각없이 종이팩을 열어젖히고 우유를 마시지만, 이런 형태의 우유팩은 한국인 신석균이라는 사람이 발명했습니다. 아쉽게도 한국전쟁 중이라서 특허출원을 못 하였고, 연합군을 통하여 유럽에 전파되어 전 세계인이 사용하기에 이르렀습니다. 당시 우유는 대부분 유리병에 담아 사용했는데 깨지기 쉽고 운반이 불편했습니다. 이를 본 신석균 발명가는 연합군이 먹는 웨하스 과자의 물이 스머들지 않는 오각형의 포장지에 주목했습니다. 그의 관심이 오늘날 우리가 편하게 사용하는 우유팩을 탄생시킨 것입니다.

주름 빨대는 1936년 미국의 프리드만이라는 사람이 발명했습니다. 그는 병상에 누워있는 자신의 딸이 음료를 마시기가 어렵게 되자 딸이 편하게 마실 수 있도록 주름이 접힌 빨대를 만들어낸 것입니다. 아빠의 사랑이 전 세계인의 필수품이 되어버린 엄청난 물건을 발명해 낸 것입니다. 교육현장에서 만난 아이들이 핸드메이드 장난감을 만들어 놀이하는 것을 보면, 놀랄 정도로 새로운 방법이나 규칙으로 놀이를 확장해 가곤 합니다. 휴지심 하나로도 굴리기 놀이를 하기도 하고 망원경이 되어 주위를 관찰하기도 합니다. 때로는 다 함께 모여 이것으로 쌓기 놀이를 하기도 합니다. 시키지도 알려주지도 않았는데 창의성을 쑥쑥 발산시킵니다.

창의적 나이듦은 삶에의 관심과 사랑에서 시작되며, 나이듦을 의미 없이 허비하지 않는 태도, 사회적 어울림 속에서 행복이란 열매로 나타납니다. 여러분도 한 발짝 내디디며 손을 뻗으

이혜유니

면 창의적 나이듦을 잡을 수 있습니다. 우리 함께 창의적 나이 듦의 세계로 나가 보시죠.

1장

나이듦, 또 다른 시작

1. 여러분의 '나이듦'은 어떤 이미지인가요?

여러분은 자신의 나이 든 모습을 그려본 적이 있나요? 몇 살까지 소득을 위한 경제활동을 할 것인가? 경제활동을 그만둔 뒤에는 무엇을 하며 일상을 이어갈 것인가? 어떤 모습으로 하루를, 일주일을, 한 달을 살아가게 될까? 혼자 있을 때는 무엇을 하며 시간을 보내고, 어떤 사람들을 만날 것인가? 사람들을 만나면 어떤 말투로 어떤 주제의 대화를 나눌 것인가? 이러한 물음에 대하여 지금부터 당신과 함께 생각을 나누고 방법을 찾고 준비하고자 합니다. 창의적인 나이듦을 위하여 첫발을 내디뎌 보실까요?

이혜유니

2. '나이듦'이란 용어에 대하여

'나이들다'라는 현상에 대해서 일반적으로 떠올리는 것이 노인이라는 단어입니다. 이 단어는 두 가지의 내용을 포함하고 있습니다. 하나는 이미 나이가 든 사람에 대한 호칭으로서의 표현이고, 다른 하나는 나이가 드는 현상에 대한 표현입니다. 어쩌면 이 단어는 부정적인 의미를 내포한 채로 사용되어 왔는지도 모릅니다. 그러나 갈수록 노인에 대한 인식도 변화를 보이고 있습니다. 노인 인구의 비율이 높아짐과 동시에 나이 든 사람들의 내용도 많은 변화를 보이고 있습니다. 외관적으로 젊어 보이고 신체 또한 건강해졌으며, 지적수준도 높아지고 경제적으로 여유도 있으며, 왕성하게 사회활동을 하는 사람도 늘었습니다. 노인의학전문의 애런슨Aronson이란 학자는 〈나이듦에 대하여〉란 저서에서 독립성과 의존성을 기준으로 하여 노년기를 '젊은 노인', '노인', '고령 노인', '초고령 노인'으로 세분화하고 있습니다.

이렇듯 나이듦에 대한 사회적인 인식을 보면, 나이의 숫자는 높아졌지만 나이듦과 젊음의 경계가 모호해지는 현상을 보이고 있습니다. 나이듦加齡, elderhood이란 용어는 비교적 새롭게 사용되는 아직 익숙하지 않은 단어입니다. 나이듦이란 표현은 사전에는 실려있지 않지만, 최근에는 다양한 매체에서 이 용어를 찾아볼 수 있게 되었습니다. 저는 노화에 대한 부정적 의미를 걷어내고, 발달과 변화의 개념을 포함하는 '나이듦'이란 용어를 좋아합니다. 호칭의 관점보다는 나이드는 현상에 관점을 옮겨보자는 생각에서입니다.

누구라도 나이는 들어가기 때문에 나이듦에 대한 준비와 대응을 어떻게 하느냐에 따라서 그 당사자의 삶 또한 달라질 것입니다. 결국 더 많은 사람들이 나이듦을 생기 있고 의미 있게 엮어감으로써, 나이듦에 대한 사회적 인식도 더욱 긍정적으로 변화할 수 있을 것입니다.

3. 나이듦이란, 새로운 가능성을 발견해 가는 여정

당신이 그리는 나이듦의 이미지가 있나요? 스스로의 나이듦을 그려보는 건 어떨까요? 단순히 경제적 노후 대책이 아닌, 길고 긴 나이듦의 시간을 하루하루의 일상이 즐겁고 의미 있는 삶이 되도록 가꾸어 갈 수 있는 새로운 세상이 우리를 기다리고 있을지도 모릅니다.

이혜유니

나이는 우리 인간의 삶에서 아주 중요한 의미를 지니고 있습니다. 법률적 사회구성원의 기준이며 개인적인 삶에서도 나이는 곧 인생 여정 그 자체가 됩니다. 한편, 나이가 든다는 관점에서는 매우 주관적인 면이 존재합니다. 글로벌 네트워크 WINworldwide independent network of market research의 세계 39개국을 대상으로 한 조사에 의하면 한국인이 스스로 늙었다고 느끼기 시작하는 때는 57세이고, 더 이상 젊지 않다고 느끼는 때는 52세로 나타났는데, 이는 세계 평균보다 각각 3년, 10년씩 뒤늦게 나이듦을 느끼는 셈입니다. 다시 말해서 나이듦이란 숫자로는 명쾌하게 정리할 수 있지만, 그 내용은 매우 주관적이고 개인적인 견해차가 존재한다는 사실입니다. 이는 곧 나이듦은 스스로가 어떠한 태도로 받아들이고 어떻게 꾸미는가에 따라서 삶이 달라질 수 있음을 말해줍니다.

요즘 사회를 보면, 나이듦을 새롭게 시작하는 사람들이 늘고 있습니다. 나이를 뛰어넘어 열정적으로 새로운 분야에 도전하고, 기존의 경험을 바탕으로 사회에 기여하며, 노년기를 쇠퇴가 아닌 성장과 제3의 인생으로 변화시키려는 사람들이 많다는 이야기입니다. 이들을 통칭하는 용어로, 액티브 시니어Active Senior 또는 욜드족YOLD young old이 있습니다. 미국의 화가 애나 메리

로버트슨 모지스_{Anna Mary Robertson Moses}는 70대 중반에 취미로 그림을 그리기 시작해, 80세에 개인전을 열고 100세에 세계적인 화가가 되었습니다. 한국 전쟁고아의 어머니라 불리는 황온순 여사는 70세의 나이에 학교를 설립하여 102세까지 현역 교육자로서 살면서 사회공헌을 하다가 삶을 마감했습니다. 제가 강의하는 대학의 학생 중에는 60세가 넘은 학생이 20대의 젊은이들과 어울리며 당당하게 장학금까지 받으며 캠퍼스 생활을 즐기고 있습니다.

이러한 사례들은 나이듦이 쇠퇴의 시간이 아니라, 자발적인 선택과 도전을 통해 삶의 만족도와 가치를 높이는 새로운 시작이 될 수 있음을 보여줍니다. 여러분도 마음만 먹으면 얼마든지 각자의 삶에서 상황에 맞게 새로운 나이듦을 열어갈 수 있으리라 확신합니다.

이혜유니

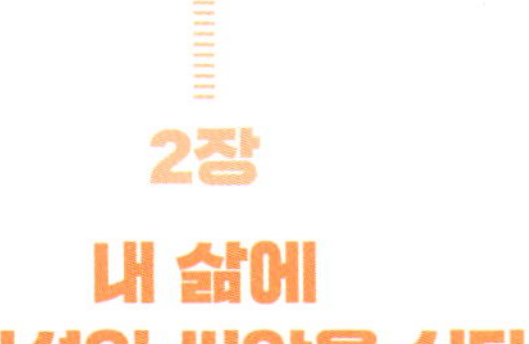

2장

내 삶에
창의성의 씨앗을 심다

1. 창의성, 나와는 관계없는 것일까?

창의성이란 말은 많이 듣지만 실제로 자기 자신과 연결해 생각하는 경우는 많지 않습니다. 왠지 특별한 사람에게 해당하는 것 같고, 살아가는 데 딱히 꼭 필요한 것 같지도 않기 때문일 것입니다. 그러나 필자가 뇌교육적 관점에서 창의성 연구를 하면서 알게 된 사실은 창의성은 특별한 사람에게만 해당하는 것도 아니며, 누구나 삶을 영위하는 데 유용하게 활용할 수 있는 역량을 말합니다.

창의성은 지능지수IQ가 높고, 다양하고 깊은 지식을 쌓은 사람이나, 특별한 재능을 가진 사람만이 가질 수 있는 것일까요? 많은 연구는 그렇지 않다고 보고하고 있습니다. 오히려 창의성은 모든 인간이 생존을 위하여 선천적으로 타고난 잠재력을 가지고 있으며, 무수히 많은 상황에서 발휘되는 작은 창의성들의 융합으로 인류사회의 지속가능한 발전이 이루어져 왔다고 보는 견해가 많습니다. 다만 우리에겐 잠재된 창의성을 어떻게 꺼내느냐는 문제가 있을 뿐입니다. 이와 연관 지어 생각해 보면 창의성을 발휘할 수 있는 범위는, 새로운 아이디어를 발견하고, 문제 해결책을 생각해 내며, 자신을 표현하는 모든 과정이 창의성의 영역에 속한다고 볼 수 있습니다.

2. 우리의 삶과 창의성

레스너와 힐만Lesner & Hillman, 1983은 창의성이 기본적인 지식이나 기술의 습득, 인성적 특성을 발달시키는 아동기의 창의적인 내적 심화creative internal enrichment 단계와, 자기중심적인 관심에서 벗어나 외부와 사회적인 관심으로 성장하는 성인기의 외적 심화creative external enrichment 단계를 거쳐, 노년기에는 자기 삶의 의

이혜유니

미를 되새기고 정리하며 자신의 삶을 스스로 평가하게 되는 창의적인 자기평가creative self-evaluation의 단계를 거친다고 봤습니다. 프랑켄Franken, 2007은 인간이 창의성을 표출하는 이유를 세 가지 욕구로 설명했습니다. 첫째, 사람들은 새롭고 다양한 자극에 대한 욕구가 있으며 둘째, 자신의 아이디어와 가치를 사람들에게 전달하려는 욕구가 있고 셋째, 사람들은 문제를 해결하려는 욕구가 있습니다. 이러한 욕구가 있음에도 불구하고 우리가 창의적 삶을 살지 못하는 것은, 창의성에 무관심하거나 이에 관한 지식이나 정보의 부족, 또는 부정적 자의식 때문일 것입니다.

안도Ando를 중심으로 한 연구진은 뇌 혈류를 시각화하는 fMRI를 사용한 연구에서, 뇌는 지적 능력이나 나이와 관계없이 창의적 과제에 대해 여러 신경망을 서로 연계하여 주의력, 인지 능력, 기억력 등 뇌 기능을 통합해 해결해 나간다는 것을 발견했습니다. 바꿔 말하면 창의성에 관해 관심을 두고 긍정적으로 접근한다면 누구라도 충분히 창의적 인간이 될 수 있다는 것입니다. 나아가서 중장년, 노인의 관점에서 창의성이란 나이듦이라는 핸디캡을 극복한 창의적 활동을 통한 질적 변화를 동반한 두뇌 활성화의 과정이며, 개개인의 인생 경험으로부터 획득한 지혜라고 할 수 있습니다. 창의성이란 단순한 재능을 넘어선 진지한 삶의 태도이지 않을까요?

3. 창의성이 필요한 이유

우리가 사는 이 시대는 한층 다양해졌고 복잡해졌으며 불확실성이 상존하는가 하면, AI가 급격하게 인간의 역할을 넘보는 변화무쌍한 사회가 되었습니다. 이러한 세상에서 산다는 것 자체가 새로운 문제에 대한 독창적인 해결책을 찾고, 인공지능AI으로 대체할 수 없는 창의적 삶을 요구하게 되었습니다. 그 필요성을 구체적으로 말하자면 첫째, 다양한 관점에서 과제에 접근하고 혁신적인 해결책을 개발할 수 있도록 함으로써 지속적인 학습과 성장을 촉진해야 하기 때문입니다. 둘째, 개인이 변화를 수용하고 새로운 경험으로부터 배우며 지속적으로 개선하도록 함으로써 적응력을 키워야 하기 때문입니다. 셋째, 지혜로운 문제해결을 촉진하고 도전 문화를 조성하며 성장을 위한 계산된 리스크 관리를 용이하도록 해야 하기 때문입니다. 넷째, 호기심을 자극하고, 목적의식과 자신감을 키워줌으로써 스트레스 감소와 건강을 개선하며, 사회적 공감 영역을 넓혀줌으로써 삶의 만족도를 높여야 하기 때문입니다.

이와 같은 인간 역량의 면 이외에 무엇보다도 정신적 심리적 면에서 창의성은 플러스 요인으로 작용합니다. 창의적인 생활은 개인의 정서적 표현과 자아실현을 가능하게 하며, 삶을 더 흥미롭고 풍요롭게 만들어 줌으로써 삶의 만족도를 증진합니다. 일상에서 소소한 창의성의 발휘로 작은 성공을 반복적으로 맛보고 스스로가 자신의 창의성을 발견하는 것만으로도 생활에 대한 동기부여와 자신감의 향상으로 이어집니다. 이렇듯 창의성이 잔잔하게 맴도는 창의적 삶은 침체된 기분을 전환하고 새로운 것도 부담없이 수용하는 포용적 태도를 보이게 합니다. 이러한 순환과정은 창의성이 가져다주는 긍정적인 변화이자 자기효능감과 행복감 증진으로 이어집니다.

4. 창의성이 QOL과 행복으로 이어지는 메커니즘

창의성은 어떻게 삶의 질QOL(Quality Of Life)을 향상하고 행복감까지 선물할 수 있는 것일까? 창의성이 삶의 질 향상으로 이어지는 메커니즘은 주로 정신적 충족감, 자기실현, 그리고 심신의 건강에 미치는 긍정적 영향 때문입니다. 삶의 질은 물질적 풍요뿐만 아니라 자기실현 정도, 정신적 만족감 등 다면적인 요소로 구성됩니다. 여기에서는 뇌 인지기능의 활성화에 의한 자기실현 및 창의적 활동에 의한 정신적 만족감에 대하여 생각해 보고자 합니다. 창의성은 뇌 활성화와 인지기능 유지에 연관되어 있습니다. 창의적인 사고나 활동이 뇌를 활성화하는 현상은 많은 연구를 통하여 밝혀졌습니다.

뇌의 상태를 관장하는 뇌 신경망은 세 가지가 있습니다. 첫째 흔히 멍때리기라고 하는 기본모드 네트워크DMN default mode network는 내적 사고, 회상, 상상, 창의성에 관여합니다. 둘째 집행제어 네트워크ECN executive control network는 문제해결, 작업기억, 판단 및 창의적 아이디어를 현실적 해결책으로 발전시키는 데 관여합니다. 현저성 네트워크SN salience network는 ECN과 DMN 사이의 전환의 조절, 도파민 등 신경전달물질 및 인지기능에 영향을 줍니다. 창의성을 뇌 과학적 기반에서 연구하는 로저 비티 Roger Beaty는 창의성이 높은 사람들은 DMN과 ECN 간의 연결이 강하다는 것을 밝혀냈습니다. 또한, 창의성 과제를 수행할 때, 아이디어 시작 단계에서는 DMN과 SN의 활동이 강하고, 현실적 실현을 위한 마무리 단계에서는 ECN의 활동이 강해진다는

이혜유니

연구보고도 있습니다. 이처럼 모든 뇌 신경망이 창의적 활동과 상호작용을 하고 있으며 뇌 활성화와 연관되어 있다는 것을 보여줍니다.

정신적 만족감은 바꿔 말하면 긍정적 감정이 촉진된 상태라 할 수 있습니다. 저의 경험상 창의적인 활동은 즐거움이나 자신감과 같은 긍정적 감정을 끌어 올려주었습니다. 이에 따라 생활이 경쾌해지고 스트레스 감소로 이어져 정신적 안정을 유지하는 경우가 많았습니다. 창의적인 활동은 자기표현의 기회가 되어 성취감과 자기긍정감 향상에 연결됩니다. 새로운 것에 도전하는 과정 자체가 즐거움과 기쁨을 끌어내고 정신적 충족감을 가져옴으로써 행복감을 높여줍니다. 자신의 아이디어를 구체화하거나 하고자 하는 의욕을 실현함으로써 자기 가능성을 넓히고 자기실현을 촉진하는 과정이 동기부여에도 기여합니다.

프레드릭슨Barbara Fredrickson은 확장-구축이론Broaden and Build Theory에서 기쁨, 흥미, 만족감, 사랑, 행복 등 긍정적 감정이 개인의 사고-행동 영역도 확장하며, 긍정적 감정은 놀이, 탐구 또는 유사한 활동을 통해 새롭고 창의적인 행동, 아이디어 및 사회적 유대감을 촉진한다는 것을 규명했습니다. 이는 다시 그 개인의 신체적·지적 자원부터 사회적·심리적 자원에 이르기까지 개인적 자원을 구축하며, 삶의 성공적인 대처와 생존 가능성을 높이기 위해 활용될 수 있다고 봅니다.

이렇듯 생활의 만족감이나 행복감이 높으면 긍정적인 감정이 뇌를 활성화해 사고가 유연해지고 불안과 스트레스가 줄어들면서 '지금-여기now-here'에 의식을 집중할 수 있게 되어 편안한 상태에서 타인과의 상호작용을 할 수 있습니다. 이로써 삶의 질이 향상되거나 안정적으로 유지되어 사회적 교류를 촉진하며 사회 전체에 활력을 불어넣는 역할도 합니다.

5. 내 안의 창의성 발견하기

창의성을 발견하기 위해서는 먼저 틀을 깨고 고정관념과 편견에서 벗어나 생각을 전환하여 새로운 시각으로 세상을 바라보는 것이 중요합니다. 다양한 사람들과도 편안하게 대화하며 교류를 통하여 질문하고 상상하는 힘을 기르는 것도 좋은 방법입니다. 가까운 곳에서 부담 없이 자연과 예술을 접하며, 여행에서도 영감을 얻는 기회를 만들어 봅니다. 여기에서는 어린 시

 이혜유니

절, 일상생활, 놀이를 통해서 창의성을 발견하는 이야기를 나누
어 보기로 하겠습니다.

6. 어린 시절에서 찾기

케리 스미스Keri Smith, 2011는 "놀이야말로 창조의 시작"이라고
말합니다. 뇌가 굳어 버린 어른들의 가장 큰 원인은 '놀이 결핍'
이라고 진단합니다. 그는 각자에게 잠재된 창의성을 가까운 곳
에서 찾으라 합니다. 어린 시절의 기억, 좋아했던 놀이를 떠올
리며 자신이 진정으로 좋아하는 것이 무엇인지를 발견할 것을
권합니다. 자신의 깊은 곳에서 때를 기다리고 있을 잠재성에서
열정의 근원을 찾는 것이 첫걸음입니다. 잊고 지냈던 어린 시절
의 꿈과 열정을 되찾는 과정은 내면에 잠재되어 있는 창의성을
일깨우는 소중한 기회입니다. 기억을 되살려 어린 시절을 회상
하는 것도 창의적 행위입니다. 지난 일을 되짚어보는 과정은 여
기저기 흩어져 단절된 기억들을 상상력을 동원해서 새로운 스
토리로 엮어내는 창의적 행위이며, 여기에서 탄생한 스토리텔
링은 자신만의 창조물이기도 합니다. 고목에서 새싹이 움트듯

오랜 옛날의 되돌아보기 속에 앞으로 전개될 창의적 나이듦의 새싹이 움트고 있지 않을까요?

7. 일상생활에서 찾기

　창조적인 예술가들은 일상생활과 자신의 주변에서 발견한 소재를 위대한 작품으로 변화시킵니다. 현대미술의 거장 반열에 들어선 백남준은 낡아빠진 모니터로 전위미술이라는 새로운 영역을 개척했습니다. 현대 미술계에 새로운 시각으로 커다란 흔적을 남긴 마르셀 뒤샹Marcel Duchamp의 〈샘〉이라는 작품은 남성용 소변기를 재해석한 것입니다. 파블로 피카소Pablo picasso는 낡은 자전거 안장에 핸들을 붙여 〈황소〉라는 작품을 만들었습니다. 앤디 워홀Andy Warhol은 흔해 빠진 캠벨 수프 통조림을 소재로 역사적인 작품을 남겼습니다. 세계적인 친환경 생태 건축가 마이크 피어스Mick Pearce는 흰개미집의 통풍구멍에서 아이디어를 얻어 평균 기온이 40도가 넘는 아프리카 짐바브웨에 에어컨이 없어도 시원한 쇼핑센터를 설계했습니다.

　일상 속 작은 호기심에서 시작되는 창의성은 일상에서 마주하는 작은 호기심을 놓치지 않고 관찰하는 것부터 시작합니다. 탐구하는 태도가 곧 창의적 활동의 출발점이 됩니다. 일상을 관찰하는 태도는 창의성의 씨앗을 뿌리는 것과 같습니다. 어느 씨앗이 싹을 틔우고 꽃과 열매를 맺을지 기대되지 않나요? 뭔가 느낌을 주는 물건이나 아이디어 또는 에피소드가 있다면 살포시 다가가서 차분히 눈길을 주어봅시다. 관찰은 나만의 방식으로 세상을 바라보고 해석하는 방법을 제시합니다. 당신의 눈썰미가 일상을 내 편으로 만드는 창의성의 힘을 키워줄 것입니다.

8. 놀이에서 찾기

16세기 네델란드 화가 피터 브뤼겔Pieter Bruegel의 아이들의 놀이Children's Games는 80여 가지의 놀이를 240여 명의 아이들이 마을의 넓은 공터에서 놀고 있는 모습이 담겨있습니다. 놀랍게도 우리나라에서도 굴렁쇠, 공기놀이, 말타기 등 익숙한 놀이가 눈에 띕니다. 놀이는 창의성의 원천이라 할 수 있습니다. 요한 하위징아Johan Huizinga는 그의 저서 〈호모 루덴스Homo Ludens(놀이하는 인간)〉에서 놀이가 문화 형성의 근원적인 요소이며, 인간의 정신적 창조활동과 직접적인 관계가 있다고 주장했습니다. 그는 놀이의 창의적 측면이 예술과 유사하다고 보았는데, 놀이와 예술 모두 기존의 것을 분해하고 새로운 형태로 합성하는 과정을 포함하며, 이는 곧 인간이 창의성을 발현하는 핵심적인 방법이라는 것입니다.

저는 핸드메이드 장난감을 매체로 한 놀이중심의 교육을 하는 교육자로서 아이들과 장난감과 놀이 속에서 오랜 세월을 살아왔습니다. 핸드메이드 장난감은 만드는 것만으로 끝이 아니고, 가지고 놀이를 할 수 있도록 기능적으로 작동되어야 합니다. 그래서 언뜻 보면 단순하게 보이지만 정확한 설계와 재단과 조립이 필요한 섬세한 작업이 필요합니다. 아이들도 고사리손으로 이 창의성이 넘쳐나는 장난감을 만들고, 그것으로 창의적으로 놀이를 확장해갑니다.

우유팩으로 만드는 세 날개 팽이라는 장난감이 있습니다. 폭 1.5센티미터, 길이 10센티미터의 종잇조각(부품)으로 잘라서 세 개를 엮어서 만듭니다. 아이들은 재료를 탐색하는 과정에서부터 창의성을 발휘합니다. 3개의 종잇조각으로 모양을 만들어 보라 하면 제각기 별별 모양을 다 만들어 내고 나름의 해석을 붙입니다. 이 장난감으로 놀이를 시작하면 팽이채로 돌리기, 손

 이혜유니

으로 돌리기, 손가락으로 튕겨서 돌리기, 손으로 날리기, 날려서 서로 주고받기, 멀리 던지기, 머리핀으로 사용하기, 서로 모아서 데코레이션하기 등 이 작은 장난감으로 교실은 온통 창의성이 붕붕 떠다닙니다.

저는 언제나 휴지심, 우유팩, 과자 상자, 병뚜껑, 이쑤시개 등 재활용품을 그냥 보지 않습니다. 이걸 어떻게 자르고 붙여서 새로운 장난감을 만들어 볼까 아이디어를 짜냅니다. 나의 관심은 쉼이 없습니다. 이를 통해 새로운 핸드메이드 장난감이 탄생하는 것입니다. 관심은 죽어가는 식물에서도 꽃을 피우게 할 수 있습니다. 스치듯 지나치는 주위의 작은 물건들, 버리기에 바쁜 애물단지 폐기물들, 나와는 관계없다고 여기던 크고 작은 활동들에 관심을 가져보세요. 당신에게도 창의적 나이듦이 선물로 다가올 수 있습니다.

9. 디지털 세상과 친하기

우리는 지금 새로운 세상에 적응하기 위해 변화를 선택해야 하는 기로에 서 있는지 모릅니다. 밀고 당기고 탐색하며 친해질

틈조차 주지 않고 너무도 빠르게 물밀듯이 치고 들어온 디지털 세상. 우리는 이 편리한 침입자와 친하게 지낼 것인가, 외면하고 불편함을 감수하며 포기하고 살아갈 것인가를 선택해야 하는 상황을 맞이하고 있습니다. 사람에 따라 다르겠지만, 연령대가 높을수록 이 상황이 더욱 불편할 수 있습니다. 디지털의 범람과 인공지능AI의 생활화는 더욱 발전했으면 했지, 한때의 유행으로 끝날 것 같지는 않습니다. 그렇다면 적극적으로 부딪쳐 보는 것이 좋지 않을까요? 상당한 노력이 필요하겠지만 편리함과 개인의 역량을 끌어올려 주는 이점도 많기 때문입니다. 더욱이 중요한 것은 다양한 세대와 어렵지 않게 소통의 기회를 가질 수 있다는 장점이 있다는 것입니다. 활용하기에 따라서 젊음의 에너지를 내 편으로 만들 수도 있습니다.

디지털과 친해지는 통로는 스마트폰이 제일입니다. 거의 모든 디지털이 스마트폰과 연결되어 있다고 봐야 합니다. 이른바 디지털 초연결 사회의 선봉장인 셈입니다. 그러나 동영상 시청과 같이 수동적으로만 스마트폰을 이용하는 것은 삼가야 할 일입니다. 선택적 시청이 필요하고, 무엇보다도 능동적으로 목적을 가지고 접근하는 것이 중요합니다.

일반인 중에서도 유튜버, 블로거, 인플루언서 등 나이, 지역,

직업을 초월하여 디지털 세상에 도전하여 성공한 사람들은 얼마든지 찾아볼 수 있습니다. 꼭 성공해서 유명해지지 않더라도 무언가 결과물을 만들어낸다는 것은 의미있는 일임에 틀림이 없습니다. 단, 주의할 것은 디지털 기기에 중독적으로 매달려 있거나 사생활을 침범당할 정도까지 과하게 빠져드는 것은 경계해야 합니다.

우리는 싫든 좋든 AI시대를 맞이해야 합니다. 경험하지 못한 일들이 눈앞에 나타나기도 하겠지만 이를 배제하거나 겁낼 필요는 없다고 생각합니다. AI도 사람이 만들어 낸 것이고, AI는 못하고 인간만이 할 수 있는 것들도 많기 때문입니다. 인간만의 고유한 영역인 공감하기, 감정적 교류, 삶의 깊은 경험에서 우러나오는 통찰 등은 AI가 모방하기 어려운 영역입니다. 특히 창의적 활동영역에서 이러한 인간의 역량은 위안과 자부심을 안겨주고, 삶의 질에서 만족감을 줄 것입니다. 인공지능 시대의 창의적 나이듦은 AI를 두려워하거나 무시하지 않고, 이를 강력한 '조력자'로 받아들여 인간의 고유한 감성, 질문, 지혜를 증폭시키고 확장하는 삶의 태도와 실천에 달려있습니다.

3장

삶이 풍성해지는 창의적 나이듦의 활동들

1. 호흡명상 – 일상을 관리하다

필자는 50대 초반부터 단전주 호흡을 기반으로 하는 호흡명상 수련을 해왔습니다. 단전주 호흡은 단전에 의식을 집중하며 길게 숨을 들이마시고 자연스럽게 내뱉는 호흡법입니다. 이를 기반으로 명상하는데, 망상이 일어나면 그냥 스치듯 지나가고 생각을 따라가지 않습니다. 지금은 특별한 수련 시간을 갖지 않고서도 거의 습관화된 상태여서 일상에서 수시로 호흡명상을 하고 있습니다. 자리를 잡고 좌선명상도 하지만, 출퇴근 시간에 여유가 있을 때는 걸으면서도 행선을 하고 때로는 전철을 타고

이혜유니

갈 때도 합니다. 단전주 호흡을 하면 첫째, 마음이 차분해지고 감정이 순화됨을 느낍니다. 둘째, 머리가 깔끔해진다고 할까 어딘지 모르게 청정해짐을 느낍니다. 셋째, 때로는 머릿속에서 궁굴리던 문제를 해결해 줄 아이디어가 번쩍 떠오를 때도 있습니다. 이렇다 보니 단전주 호흡명상이 몸에 배게 되었고 나름대로 나만의 뇌 건강 관리법으로 자리 잡게 되었습니다.

로이 호란Roy Horan, 2009은 EEG(뇌파검사) 등을 사용하여 명상 시 뇌의 변화를 측정한 연구를 통하여 창의성과 명상의 신경심리학적 연관성을 분석했습니다. 그는 뇌가 창의적으로 활동하기 위한 필요조건으로 정보의 통합과 초월의 중요성을 발견하고, 초월은 정보의 한계를 뛰어넘는 것을 의미하며 통합은 정보의 경계를 변화시키는 것이라고 해석했습니다.

마인드풀니스mindfulness는 인도 팔리어의 '싸띠'Sati를 영역한 것으로 한자어로는 지금(今)의 마음(心)이라는 의미로 념(念)으로 번역합니다. 우리나라에서는 심리학 용어사전 등을 비롯하여 일반적으로 '마음챙김'이라는 용어를 사용하고 있습니다. MBSR(마음챙김 명상)프로그램의 창시자인 존 카밧진Jon Kabat-Zinn은 "있는 그대로의 '지금, 이 순간'에 대한 비판단적인 주의집중에 따르는 자각"이라고 정의합니다. 여기에는 무의식적이고 습관적인 것이 아니라 의도적으로 '지금, 이 순간'에 주의를 집중함과, '지금, 이 순간'에 일어나는 일을 있는 그대로의 체험과, 대상에 대한 좋음과 싫음을 구별하지 않는 비판단적 의식을 내포하고 있습니다. 이러한 마인드풀니스는 기본모드네트워크DMN로 이끌어주는 역할을 합니다. 여러분도 이 소중한 상태를 체험해보길 권장합니다.

2. 말하기와 글쓰기 – 생각을 보여주다

당신은 대화를 즐기나요, 아니면 일방적으로 내 말만 하거나 생각 없이 듣고 있기만 하나요? 특히, 가까운 사람, 매일 같이 많은 시간을 함께하는 가족이나 직장 동료들과 어떻게 소통하고 있는지 돌이켜 생각해 보기 바랍니다. 사람이 살아가면서 사람들과 말을 나누고 듣고 질문하며 소통하는 것은 당연하지만 당연함을 넘어 매우 중요한 의미를 갖습니다. 즐거운 소통은 타인과의 상호작용으로서 편안하거나 조금은 긴장감을 주기도 하며, 뇌 건강과 창의성에 긍정적인 영향을 미칩니다. 말을 주고

이혜유니

받는 대화를 통한 소통은 일상에서 또는 인생 전체를 놓고 봐서도 뇌를 건강하게 하는 중요한 방법입니다.

펜 필드Penfield 박사의 호문클루스homunculus 뇌 지도 또는 뇌 인형을 보면 알 수 있듯이 뇌는 언어가 큰 비중을 차지하고 있습니다. 그만큼 언어활동을 하기 위해서는 엄청난 에너지를 쏟아부어야 합니다. 말은 뇌를 춤추게 하는 훌륭한 활동이라 할 수 있습니다. 언어와 관련된 창의적 활동에는 시, 수필, 소설 등 창작활동과 개인적인 나날의 기록을 쓰는 일기쓰기가 있습니다. 소통의 방법으로서 편지쓰기도 있습니다. 편지를 쓰는 사람은 찾아보기 어렵지만, 생각해 보면 얼마나 낭만적이고 진정성을 느끼게 하는 일 아닐까요? 편지가 쑥스럽다면 문득 친필로 몇 자 적어서 그림엽서를 보내는 것은 어떨까요? 고궁 나들잇길에 사거나, 직접 그리거나 컴퓨터로 만들어서 보내면 취미도 살리고 정겨움도 나누고 뇌를 춤추게도 할 수 있습니다. 저는 여러분에게 글씨쓰기 필사transcription를 권합니다. 좋아하는 책이나 시의 문구를 좋아하는 필기도구로 좋아하는 종이에 써본다는 것은 힐링에도 도움을 주는 창의활동이라 할 수 있습니다.

3. 음악과 노래하기 - 소리가 춤추다

음악은 뇌의 다양한 영역을 활성화하고 긍정적인 영향을 미치는 것으로 알려져 있습니다. 감정, 인지기능, 기억력, 신체적 반응에까지 영향을 줍니다. 뇌의 편도체를 안정시키고, 행복감과 관련된 도파민이나 엔도르핀과 같은 호르몬 분비를 촉진합니다. 감정을 진정시키는 음악은 심박수와 혈압을 조절하여 불안을 줄이는 데 도움을 줍니다.

특히 합창은 단순히 음악을 감상하는 것을 넘어, 노래 부르기와 집단 활동이 결합하여 뇌에 매우 강력하고 복합적인 영향을 미칩니다. 합창은 여러 영역에 걸쳐 효과를 보이지만 뇌 인지기능에 많은 도움을 주는 것으로 나타나고 있습니다. 음악적 소질이 있는 사람은 음높이와 위치 정보를 통합하는 청각처리능력이 일반인에 비해 더 높은 것으로 나타나는데 이는 전두측두엽 영역의 활성화와 관련이 있습니다. 악보를 읽거나 외우기, 호흡 조절, 다른 사람의 소리에 귀 기울이기, 지휘자의 신호 따르기 등 여러 인지적 요구 사항을 동시에 처리하는 뇌의 다중작업 처리 능력을 향상할 수 있습니다. 합창은 매주 규칙적으로 연습을 해야 하는데, 규칙적인 음악 활동은 청각 피질, 운동 영역 등 뇌

 이혜유니

의 대규모 신경망에 자극을 주며, 새로운 신경세포 증가와 같은 뇌의 미세 구조 변화에 긍정적인 영향을 미칠 수 있습니다. 이러한 총체적인 활동은 뇌의 신경가소성Neuroplasticity을 촉진하여 새로운 신경 연결을 형성하고 기존의 신경망을 강화하는 데 매우 효과적입니다.

실제 사례를 보면, 백세합창단은 이름 그대로 100세까지 노래하자는 취지 아래 모인, 특별한 의미를 지닌 우리나라의 시니어 합창단입니다. 이 합창단은 평균 연령 74세이며, 50대부터 90대까지 남녀 단원 약 100명으로 구성된 큰 규모의 시니어 합창단입니다. 일반적인 시니어 합창단의 연령대를 뛰어넘었지만, 단원들은 생기발랄하고 높은 만족감을 가지고 이 창의적 활동을 즐기고 있습니다. 합창을 통해 삶의 의미를 되새기며 자신의 삶을 노래하고 있다는 것을 보여주는 듯합니다. 저도 십여 년 넘게 합창단 활동을 하고 있는데, 경험자로서 여러분에게 강력히 추천하고 싶습니다. 선뜻 내키지 않더라도 무리해서라도 기회가 있다면 일부러 찾아서 꼭 합창단 활동을 해보길 권합니다. 오히려 노래 실력은 중요하지 않습니다. 프로가 아닌 동호회 수준의 합창단은 주위에서 찾으면 많이 있습니다. 자기 상황에 맞는 곳을 찾아서 도전해 보지 않겠습니까?.

4. 미술과 공예 - 감각을 만들다

잘하든 못하든 누구나 미술적 요소와 관련된 행위는 경험했을 것입니다. 그러한 행위들이 알게 모르게 우리들의 뇌에 영향을 미쳐왔다고 말할 수 있습니다. 미술활동은 좌뇌와 우뇌의 통합 및 균형 발달, 인지능력 및 주의력 향상에 도움을 줍니다. 세밀한 선 긋기, 패턴 분석, 색상 조합 등 논리적이고 분석적인 활동을 통해 언어처리, 수리능력을 담당하는 좌뇌를 자극합니다. 자유로운 표현, 이미지 떠올리기, 공간구성 등 창의적이고 직관적인 활동을 통해 창의력, 공간감각을 주관하는 우뇌를 활성화합니다. 이들 반구의 모든 기능을 요구하기 때문에 뇌의 신경망을 확장하고 연결하여 균형 잡힌 사고능력을 기르는 데 도움을 주게 되는 것입니다.

정형화되지 않은 방식으로 표현하고 문제를 해결하는 과정은 자연스레 창의적인 사고를 길러줍니다. 정보를 시각화하고 심상imagery을 통해 저장하는 과정은 기억력과 학업 성취도를 향

272

상하는 데 기여합니다. 이렇듯 어떠한 작업에 몰입하는 과정은 뇌의 주의 시스템Attention System을 강화하여 학습이나 기억과 같은 인지기능 향상을 끌어냅니다.

미술활동을 통하여 창의적 나이듦을 의미 있게 엮어가는 사례는 어렵지 않게 찾을 수 있습니다. 미국의 사례를 알아보겠습니다. 뉴욕현대미술관Museum of Modern Art이 운영하는 MoMA에서 만나요Museum of Modern Art and Meet Me 프로그램이 있습니다. 주요 프로그램 중 하나인 주제별 미술프로그램은 미술관 소장의 명작 위에 그림을 그리도록 하는 방법을 택했습니다. 이 프로그램은 뉴욕대학교로부터 긍정적인 평가를 받았으며, 생동감 있는 예술Vitality Arts이라는 프로젝트를 통해 창의적 나이듦 사업 지원을 이어갔습니다. 오바마 정부는 이러한 사회적 움직임을 수용하여 워싱턴DC에서 국립예술기금National Endowment for the Arts 주최로 창의성과 나이듦에 관한 국가정상회담National Summit on Creativity and Aging을 개최하기도 했습니다.

일본의 사례도 볼까요. 북나고야시 역사민속자료관Kitanagoya-shi Historical Museum, 北名古屋市 歷史民俗資料館은 8주마다 1주일간씩 회상학교Reminiscence School를 개설했습니다. 과정을 마친 참가자들은 서로 친구가 되거나 박물관 자원봉사자가 되기도 합니다. 이 프로그램의 특징은 참가자들이 프로그램을 마친 후, 자신들이 어릴 적 사용했던 물건들을 어린이 관람객들에게 소개하는 중개자 역할을 하게 합니다. 또한, 박물관이 만든 다양한 주제의 추억상자reminiscence kits(회상키트)를 대여해주기도 합니다.

저는 오랜 세월을 재활용품을 이용한 핸드메이드 장난감을 교육적 주제로 삼고 연구와 교육현장에 전파하는 일을 해왔습니다. 수없이 많은 영유아, 학생, 성인, 시니어를 대상으로 강의를 해왔는데 교육대상에 관계없이 공통적으로 느끼는 것은 그들이 재밌게 참여하고 즐거워한다는 것, 제작과정과 놀이과정에서 번득이는 창의성을 발견하게 된다는 것입니다. 핸드메이드 토이 제작은 특히 손과 뇌의 협응을 극대화하여 뇌 기능 향상에 영향을 미칩니다. 구체적으로는 섬세하면서도 큰 동작을 요구하므로 소근육 및 운동기능 향상에 도움을 줍니다. 모양 구상, 재료 선택, 순서 계획, 입체적 표현 등을 통하여 인지기능 전반에 좋은 영향을 미칩니다. 세밀하고 연결성이 있으면서 반복적인 작업에 몰입하게 함으로써 집중력 및 주의력을 길러줍니다. 형태와 색상을 인식하고 3차원으로 표현을 해야 하는 경우

이혜유니

가 많아서 공간지각 능력을 담당하는 뇌 영역의 발달을 촉진합니다.

현실적으로 핸드메이드 토이 제작활동은 재료를 구하기 쉽고 창의적으로 개성을 발휘하면서 어렵지 않게 만들 수 있습니다. 무엇보다도 스스로 완성한 장난감을 가지고 놀이를 하다 보면 표정이 밝아지고 기분적으로 힐링이 됩니다. 대화의 매개체로서는 핸드메이드 토이는 최고의 아이템이라 생각합니다. 부부간에, 어른과 아이들, 할아버지 할머니와 손주들 간에 나이와 관계없이 즐겁게 놀이를 할 수 있습니다. 놀이를 하다 보면 저절로 말이 트이고 대화가 오고 가게 됩니다. 세대통합을 위해서 가정에서, 친구들과의 소모임에서, 친목단체에서, 배움의 공간에서도 도전해 보길 권장합니다,

4장

나만의
행복 지도 그리기

이제 각자의 상황 속에서 지금의 나로부터 미래를 향한 창의적 나이듦을 실천하는 일만 남았습니다. 정답도 없고 제한도 없고 의무도 없습니다, 그러나 도전하고 실행하는 당신의 나이듦은, 풍성하고 멋지며 가치 있는 삶이 될 것입니다. 연령은 기준이 될 수 없음을 전제로 연령대에 맞는 일반적인 모습을 제시해 봅니다, 여기에서는 여러분에게 화두 같은 질문을 던져드리고자 합니다. 다만 참고로 하되, 자신의 방법을 찾아내길 바랍니다. 나이듦 자체를 창의적 삶의 원천으로 인식하고 가볍게 시작할 수 있는 첫걸음을 내디뎌 보지 않으시겠습니까?

지금 바로, 작게, 멀리 보며.

이혜유니

1. 40대의 창의적 나이듦

40대는 흔히 '낀 세대'라고 불리며, 사회생활의 절정기에 있거나 육아와 부모님 봉양 등 여러 역할 사이에서 바쁘게 살아가는 시기입니다. 40대에게 '창의적 나이듦'은 아직 먼 이야기처럼 느껴질 수 있지만, 미래를 준비하고 현재의 스트레스를 관리하며 삶의 균형을 찾는다는 생각으로 접근해야 합니다.

1. 번아웃 방지와 스트레스 해소의 창의적 출구 찾기
2. 미래의 나를 위한 현명한 투자, 뇌 건강과 유연성 확보하기
3. 자녀 교육과 인생 멘토링의 연장선에서 함께 성장하기 발견
4. 자기 계발과 새로운 커리어의 가능성 찾기

2. 50대의 창의적 나이듦

50대는 인생의 전환기를 맞이하는 시점으로, 은퇴를 준비하거나, 자녀들이 독립하며 새로운 삶을 모색하는 등 다양한 변화를 겪는 시기입니다. 50대에게 창의적 나이듦이라는 개념이 단순히 '해야 할 일'이 아닌 '경험하고 싶은 일'로 다가가 보도록 합

니다.

  1. 인생 2막의 시작과 새로운 기회 찾기

  2. 나를 위한 투자, 그리고 건강하고 즐거운 노년 그려보기

  3. 쌓아온 경험과 지혜의 창의적 재해석해 보기

  4. 함께의 가치와 사회적 연결 도전하기

3. 60대의 창의적 나이듦

   60대는 애매한 세대입니다. 사회적으로는 노년기의 문턱에 들어선 세대이지만 분명 노인은 아닌 중년과 노년에 낀 세대입니다. 은퇴를 했거나 막 은퇴를 한 경우가 많습니다. 60대에게 창의적 나이듦은 어쩌면 더욱 의미 있고, 삶의 질을 높이는 기회를 잡는 필수적인 요소일 수 있습니다. 제2의 인생, 제3의 인생이란 말들이 있습니다. 건강해진 신체와 길어진 수명 그리고 빠른 변화가 당연한 이 시대에 두 번째, 세 번째로는 담아낼 수 없는 인생이 있습니다. 이제는 자신에게 맞는 회차만큼 거듭나는 'n차 인생'이란 표현이 적합하다는 생각이 듭니다. 자기가 하

고 싶은 대로 만들어가는 n차 인생, 멋있지 않습니까?

1. 'n차 라이프'의 진정한 의미와 성취감 찾기

2. 잃어버린 나를 되찾고, 삶의 활력을 되찾는 여정 시작하기

3. 익음의 지혜를 나누고, 사회에 기여하는 즐거움 실천하기

4. 건강하고 독립적인 삶을 위한 진정한 '최고의 투자' 찾기

4. 70대의 창의적 나이듦

70대는 노년기에 접어들었음을 스스로 인식하기 시작하는 때입니다. 건강, 독립성 유지, 사회적 고립 등 더 복합적인 고민을 마주할 수 있습니다. 70대에게는 창의적 나이듦이 단순한 활동을 넘어 삶의 활력과 의미를 지속적으로 불어넣는 중요한 요소입니다. 이를 받아들이고, 여유로움과 돌아봄의 가치를 생활에서 표현하고 실행해 보도록 합니다.

1. '지금'을 가장 충만하게 사는 지혜로운 생활하기

2. 삶의 정체성과 존재감을 유지하는 열쇠를 잘 활용하기

3. 회복 탄력성의 강화와 삶의 질 향상에 시간 할애하기

4. 나눔과 남김을 통해서 아름다운 삶으로 완성해가기

이혜유니

나아감 | 당신의 '창의적 나이듦'을 응원합니다

저는 창의적 나이듦을 실천할 때, 완벽보다는 즐거움을 추구하라고 권하고 싶습니다. 결과보다는 과정의 즐거움이 더 가치가 있으며, 나만의 방식으로 표현하고 실행하는 것이 중요하다고 생각합니다. AI시대의 건강설계는 신체의 건강관리, 뇌의 건강관리, 사회교류의 건강관리가 모두 다 필요합니다. 이를 위해서는 원하는 대로 자신의 신체를 이동할 수 있어야 하고, 사람들과 함께하는 것이 좋으며, 지속가능한 창의적 일상 만들기가 필요합니다.

창의적 나이듦은 어쩌면 자신의 나이를 잊게 하는 행복한 모순을 불러올지도 모릅니다. 그렇지만 이 모순이 우리에게 최고의 선물이지 않을까요?

우리 함께 떠나요. 창의적 나이듦의 세계로.

갤럽 리포트(2024). 가계 형편: WIN 다국가 조사. https://www. gallup. co. kr/gallupdb/reportContent. asp?seqNo=1521.

루이즈 애런슨(Louise Aronson), 최가영 역(2020). 나이듦에 관하여 Elderhood : redefining aging, transforming medicine, reimagining life), 비잉(Being). ·

요한 하위징아((Johan Huizinga), 이종인 역(2018). 호모 루덴스 (Homo Ludens), 연암서가.

존 카밧진(Jon Kabat-Zinn), 안희영 역(2012). 처음 만나는 마음챙김 명상, 불광출판사.

케리 스미스(Keri Smith), 임소연 역(2011). 예술가처럼 창조적으로 살아보기 (LIVING OUT LOUD), 갤리온.

Fredrickson, B. L. (2004). "The broaden-and-build theory of positive emotions". Philosophical Transactions of the Royal Society B: Biological Sciences. 359 (1449): 1367-1378.

Lesner, W. J., & Hillman, D. (1983). A developmental schema of creativity. The Journal of Creative Behavior, 17(2), 103-114.

Penfield, Wilder; Boldrey, Edwin (1937). "Somatic Motor And Sensory Representation In The Cerebral Cortex Of Man As Studied By Electrical Stimulation". Brain. 60 (4): 389-443.

Robert E Franken. (2007). Human Motivation, Thomson Wadsworth.

Roger E Beaty, Paul Seli, Daniel L Schacter. (2019). Network neuroscience of creative cognition: mapping cognitive mechanisms and individual differences in the creative brain, Current Opinion in Behavioral

이혜유니

Sciences(27), 22-30.

Roy Horan(2009). The neuropsychological connection between creativity and meditation, Creativity Research Journal(21), 199-222.

Takahiro Ando, Tetsuro Sekine, Yasuo Murai, Erika ORITA. (2020). Multiparametric Flow Analysis using 4D Flow MRI can Detect Cerebral Hemodynamic Impairment in Patients with Internal Carotid Artery Stenotic Disease, JJMRM(40), 36-38.

당신의 뇌가 깨어나는 오늘,
그 여정을 응원하며

먼저 감사의 인사를 전합니다. 각자의 방식으로 풀어놓은 여섯 명의 이야기에 귀 기울여 주셔서 고맙습니다.

돌이켜보면, 이 책을 쓰는 과정 자체가 저자들에게도 하나의 '뇌 건강 프로젝트'였습니다. 사회복지학자와 뇌교육학자, 발효식품 연구자와 뇌체조 전문가, 기공 지도사와 창의교육 박사가 한 테이블에 모이는 일이 쉽지는 않았지만, 서로의 원고를 읽으며 배우고, 의견을 나누고, 때로는 늦은 밤 화상회의로 토론하였습니다. 우리는 이 책을 쓰면서 고백했습니다.

"내 뇌가 더 건강해졌어, 뇌를 연구하면서."

뇌를 깨우는 비법, AI시대 '백세 뇌 건강' 설계
이 책을 쓰는 동안에도 AI는 하루가 다르게 발전했습니다. 글을 쓰고, 그림을 그리고, 진단을 내리고, 계획을 세우는 일까지, AI가 더 빠르고 정확하게 해내는 세상입니다. 그렇다면 인간의 뇌는 무엇을 해야 할까요?

'더 인간다워지는 것' 저자들이 내린 답은 하나였습니다. 공감하고, 직접 몸으로 느끼고, 관계 속에서 웃고 울고, 손으로 만들고, 자연의 리듬에 맞추고, 창의적으로 나이 드는 것, 이것은 어떤 AI도 대신 해줄 수 없는, 인간의 뇌만이 할 수 있습니다.

결국 '더 사람답게 사는 법'을 실천하는 것이 AI시대의 건강 설계입니다.
디지털 기기를 두려워하지 않되, 디지털이 대신할 수 없는 인간만의 깊이를 가꾸는 것. 그 중심에 뇌 건강이 있습니다.

독자 여러분께 한 가지 부탁드리고 싶습니다. 이 책을 덮는 순간, 아주 작은 것 하나를 실천해 보세요.

무엇이든 좋습니다. 지금 이 순간 떠오르는 것, 바로 당신의 뇌가 보내는 첫 번째 신호입니다. 그 신호를 믿고 한 걸음만 내디뎌 보세요. 그 작은 한 걸음이 뇌에는 위대한 변화의 시작입니다.

뇌가 행복할 때 인생이 빛납니다. 그 빛나는 인생을, 우리는 함께 응원합니다. 어느 북 콘서트에서, 혹은 공원 산책길에서, 혹은 복지관 강의실에서, 이 책을 들고 계신 여러분을 만나기를 소망합니다. 그때 우리는 서로 웃으며 이렇게 인사할 수 있겠지요.

"인맥도, 치맥도, 뇌맥도, 다 잘 챙기고 계시죠?"

뇌를 깨우는 여정에 함께해주셔서 진심으로 감사합니다.

2026년 봄

한국뇌인지코칭협회 저자 일동

최미경·김대영·강희정·이영·김창수·이혜유니